Skořice
Pepř
Zázvor
Hřebíček
Květ
Šafrán
Kmín
Nové koření
Bobkové listí

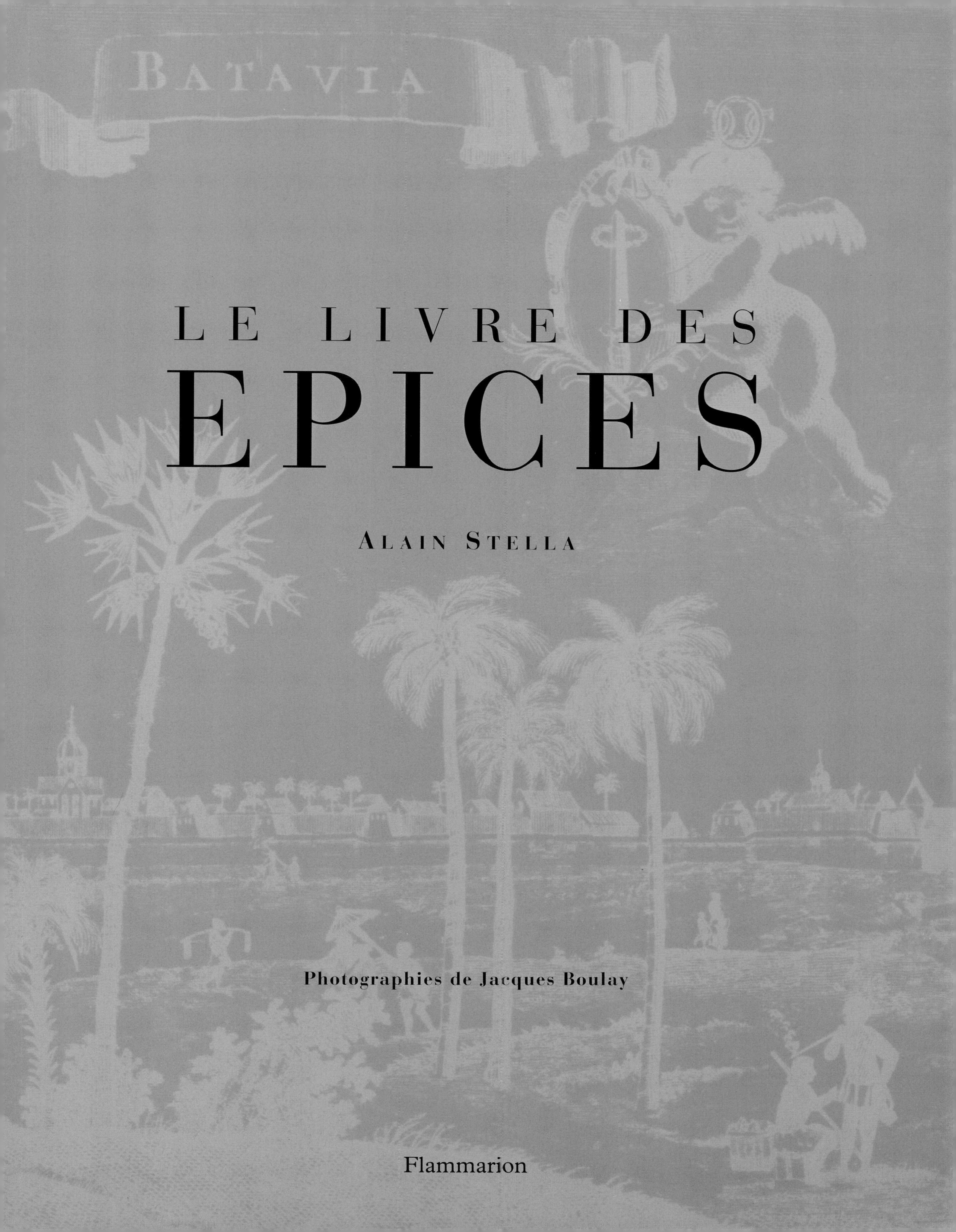

LE LIVRE DES EPICES

ALAIN STELLA

Photographies de Jacques Boulay

Flammarion

« Ravisseur d'épices » : c'est ainsi qu'on surnomma le Français Pierre Poivre, Intendant de l'Ile de France au XVIIIe siècle (en vignette p.7), qui passa une partie de sa vie à tenter de donner à la France les épices dont les Hollandais détenaient le monopole. Aujourd'hui, les monopoles ne sont plus, mais de pacifiques « ravisseurs d'épices » et coureurs des mers existent toujours. Ainsi Olivier Rœllinger (p. 8, dans une plantation de cardamome sur le contrefort des Ghatts, au Kerala, en Inde) qui va choisir lui-même, aux quatre coins du monde et durant trois mois par an, les parfums de la sublime cuisine aux épices qu'il distille dans son restaurant de Cancale (p. 1 : mélange « pain d'épices » à base de cannelle, girofle, coriandre, badiane et gingembre ; p.2 : armoire à épices tchèque chez l'épicier Izraël à Paris ; p.4-5 : gousses de vanille fraîche ; ci-contre : safran).

Création graphique :
Marc Walter/Bela Vista
Direction éditoriale :
Ghislaine Bavoillot
Responsable d'édition :
Nathalie Bailleux
Fabrication :
Murielle Vaux
Réalisation PAO :
Bela Vista
Photogravure :
Colourscan France

ISBN : 2-08-200637-9
Numéro d'édition : FT063701
Dépôt légal : septembre 1998
Imprimé en Italie par Canale

Sommaire

Toutes les saveurs du monde

par Olivier Rœllinger

Au commencement étaient les régions de France, chacune ayant sa propre cuisine, ses propres produits, ses habitudes alimentaires, ses rituels, ses paysages.
Puis vinrent les rois, qui unirent nos provinces. C'est ainsi qu'une cuisine française apparut à la cour. Miroir d'un royaume et d'une époque, cette cour était aussi sensible aux modes, aux arts, aux influences étrangères qui alimentent les chroniques et donnent son rythme à l'histoire. On y retrouvait l'écho des guerres en Terre sainte, de la Renaissance italienne, des créations des peintres hollandais, des philosophes allemands, des musiciens ottomans...
Les grands marchands-explorateurs mandatés par les princes commencent alors à sillonner les océans : de « nouveaux » peuples apprennent l'existence des nôtres. On découvre la route des Indes orientales et occidentales, les sources du Nil ou du Yang-Tseu-Kiang, l'or jaune ou le bois d'ébène, des trafics s'organisent ou des amitiés se scellent...
Et c'est ainsi que nos ports, tremplins de la découverte, deviennent les caisses de résonance de ces autres cultures. Les hommes les plus sensibles ? Les cuisiniers, qui, à chaque nouvelle étape, plus curieux, plus avides de connaissances, découvrent les saveurs inédites des épices lointaines. De cet étonnement, de cette émotion nouvelle provoquée par la conscience de l'autre, naquit peu à peu une nouvelle attitude et se dessina une ouverture d'esprit vivifiante. Par-delà le talent, par-delà les techniques propres à chaque cuisinier, c'est cette conscience de n'être plus seuls et de partager avec le vaste monde un trésor commun, qui éleva au fil des siècles la cuisine française au rang d'expression quasi artistique.
Ce dialogue lentement prit corps en s'écrivant sur la partition des épices, témoin de notre relation aux autres, reflet de notre vision du monde. Fade, craintif et sédentaire, c'est le monde immobile, amer et renfermé, conservateur, traditionaliste ; relevé, chaleureux et nomade, c'est le monde que l'on embrasse à bras-le-corps, dans ses périodes toutes de mouvements, d'échanges et de générosité.

À Saint-Malo, premier port de la Compagnie des Mers du Sud, future Compagnie des Indes, l'enfant que j'étais a gardé, peut-être un peu plus que d'autres, les yeux rivés vers le large, bien au-delà des remparts de la cité, rêvant d'improbables voyages, imaginant d'autres rives et d'autres soleils. Mes rêves d'enfant embaumaient la vanille, la cannelle, la muscade et le benjoin. Ces épices sont devenues les trésors d'un imaginaire bercé par les rêves de ces « étonnants voyageurs » bretons, marins, savants, explorateurs, écrivains... qui ont nom Jacques Cartier, René Dugay-Trouin, Mahé de La Bourdonnais, Surcouf, Jean Charcot ou Chateaubriand.
La cuisine, ce mode d'expression que j'ai choisi, m'a permis de traduire cette mémoire et cette culture de port en utilisant comme une ponctuation la gamme des épices qui, à l'image d'une palette aromatique, s'est élargie au gré des découvertes et des émerveillements lointains.
Aujourd'hui, les grands cuisiniers européens sont ceux qui écrivent l'histoire de leur présent avec toutes les saveurs du monde...

LES ROUTES DES ÉPICES

Depuis des millénaires, les épices nous donnent notre part de rêve et « relèvent » le quotidien de notre vie. Elles ont transformé l'acte de se nourrir en plaisir et en art, et donnent tout le délicieux parfum de ces plats exotiques qui entrent désormais si couramment dans nos cuisines, comme le couscous, le chile con carne ou les currys. Elles métamorphosent avec grâce, en leur donnant des saveurs de fête, les mets parfois trop simples et fades qu'imposent la cuisine allégée des régimes diététiques. Parce qu'elles renouvellent avec bonheur leur créativité, elles inspirent toujours davantage les grands chefs, les pâtissiers, les chocolatiers... mais aussi tous les cordons bleus. Nul besoin de porter toque blanche pour râper un peu de gingembre sur ses feuilles de laitue, pour saupoudrer d'une pincée de cardamome sa charlotte d'agneau, de paprika son chèvre frais ou de poivre ses fraises... Les épices sont ainsi devenues le supplément de plaisir qu'attendaient nos palais lassés des goûts trop routiniers.

Autrefois, si leur usage n'était pas si largement répandu, si leur prix ne les rendait accessibles qu'à une élite, elles faisaient déjà rêver... Dans l'Antiquité, elles nous ont aussi reliés aux dieux et sans elles ne peut s'écrire l'histoire des spiritualités. Elles ont été nos premiers remèdes, et sans elles ne peut s'écrire l'histoire de la médecine. Enfin, depuis Alexandre le Grand, elles ont incité à la découverte et à l'exploitation de nouveaux mondes. Des rives du Mexique à celles de l'Inde, dans le vent des moussons parfumé de girofle et de muscade, les routes des épices nous invitent à un fabuleux voyage...

Végétation luxuriante, plantes inconnues, indigènes aux mœurs et aux costumes étranges, animaux bizarres : tels furent longtemps les paysages paradisiaques plus ou moins imaginaires, inspirés par les récits des voyageurs, que les épices offrirent longtemps au regard émerveillé des Européens. Que ce soit dans les premiers atlas à visée pédagogique (ci-dessus, *Plantes des Indes*, planche extraite d'un atlas sur *Les Indes orientales et occidentales* paru à Leyde au XVIIe siècle) ou dans la peinture (ci-contre, *Récolte de la noix de muscade dans l'île de Banda*, aquarelle de Rudolph Verhuell au début du XIXe siècle), les routes des épices faisaient rêver. Pages précédentes : les belles couleurs chaudes des mélanges d'épices et écorcage de la cannelle à Ceylan en 1860.

Les épices de l'Antiquité

Depuis quand les hommes ajoutent-ils des épices à leurs aliments ? Vraisemblablement dès l'invention de la poterie, au cours du néolithique. Si l'invention du feu avait déjà depuis longtemps donné naissance à la première « cuisine », celle de la marmite allait favoriser, en permettant des cuissons plus subtiles, la première gastronomie. Alors, sans doute, les hommes voulurent-ils goûter plus intensément encore à tous ces parfums qu'on respirait dans la nature, ceux des fleurs, ceux des arbres et des herbes, qui procuraient mystérieusement d'ineffables plaisirs. Les ingérer revenait en outre à imprégner son corps d'une douceur bienfaisante, qui peut-être apaiserait ses maux. Dès l'origine, les épices offrirent ainsi à l'homme le double bénéfice du plaisir et du remède, bienfaits dont l'impalpable et invisible magie relevait certainement de quelque force surnaturelle qu'on devait vénérer.
Le plaisir, le remède, le sacré. La trilogie bienfaisante que seules les épices résumaient les imposa très tôt de par le monde. Dans les vallées de l'Euphrate et du Nil, mille parfums, ceux des épices mais aussi ceux des encens, des fumigations qu'on offrait aux dieux dans les temples, ont laissé des traces archéologiques nombreuses. Sur les papyrus et les murs des tombeaux, prêtres et rois d'Égypte rendaient grâce aux vertus de ces « parfums des dieux ». Les fumées stupéfiantes de résines de pistachiers, d'encens blanc ou de myrrhe qui s'échappaient vers le ciel avaient pour but d'approcher l'homme des divinités, et accompagnaient toutes les cérémonies religieuses. Parmi les rituels funéraires, l'embaumement donnait lieu à l'usage du plus grand nombre de substances aromatiques : « Quand ils sont réunis pour traiter un corps — explique à propos des embaumeurs l'historien grec Diodore de Sicile au Ier siècle avant J.-C.—, après qu'il a été ouvert, l'un d'eux enfonce sa main par l'ouverture du cadavre jusque dans le tronc et extrait tout, sauf les reins et le cœur. Un autre nettoie chaque viscère, en les lavant dans le vin de palme et les épices. Ils assaisonnent soigneusement le corps entier durant plus de trente jours d'abord avec de l'huile de cèdre et certaines autres préparations, et ensuite avec de la myrrhe, de la cannelle et avec des épices telles qu'elles ont la faculté, non seulement de le préserver pour une longue période, mais aussi de lui donner une odeur parfumée. »
Les parfums des épices, cependant, n'étaient pas le privilège exclusif des dieux et des morts : ils embaumaient aussi les cuisines, et l'on sait que les Égyptiens aimaient à mitonner leurs viandes avec quelques bonnes herbes et plantes telles que le cumin, l'anis, le fenouil, la coriandre ou les graines de pavot. Ces plantes locales, qui servaient aussi à confectionner quelques cosmétiques et potions médicinales, étaient courantes et chacun pouvait y goûter. Il n'en allait pas de même des produits aromatiques qui servaient aux fumigations religieuses, aux purifications rituelles et peut-être à certains plaisirs profanes dans les palais des nobles ou des pharaons. Précieux arbres à encens, myrrhe amère, cannelle stimulante et autres plantes à parfum ne poussaient pas dans la vallée du Nil et devaient y être acheminées du Pount, pays qui s'étendait sur les deux rives de la mer Rouge. Plusieurs documents archéologiques témoignent de ces expéditions commerciales, le plus ancien — une inscription sur un vase — datant de la Ve dynastie, soit de 2 500 ans avant notre ère. Des expéditions purement nautiques, à bord de longs navires à voiles et à rames, pourvus à la poupe d'une bel ornement en forme de lotus. De Memphis ou de Thèbes, ils descendaient le Nil jusqu'à la pointe du Delta, s'engageaient dans sa branche la plus orientale, puis rejoignaient la mer Rouge par une succession de canaux et de lacs. Plus aventureuses encore, des expéditions maritimes contournant

« Tous ces oiseaux du Pount s'abattent sur l'Égypte, enduits de parfums. Celui qui vole devant eux saisit mon appât, exhalant les odeurs du Pount, et ses pattes sont enduites de gommes aromatiques...». En Égypte, épices et parfums les plus précieux arrivaient du Pount, pays situé sur les deux rives de la mer Rouge. Mais certains d'entre eux, comme la cannelle, venaient de rivages plus lointains encore, ceux d'Asie, par les premières routes commerciales de l'Histoire. Dans les temples, aromates et encens parfumés faisaient partie des offrandes aux dieux (page ci-contre, le pharaon Thoutmosis III offrant l'encens au dieu Amon, sur un bas-relief de l'île Éléphantine, à Assouan).

la péninsule arabique jusqu'à l'Euphrate, autre terre d'encens et d'épices, sont attestées sous les règnes de Thoutmosis III et de Ramsès III.
Jusqu'à l'Euphrate et au Pount, les épices venaient d'un Orient encore plus lointain. Les différentes variétés de cannelle — l'épice la plus anciennement citée dans des textes — ne poussaient très vraisemblablement qu'aux Indes et en Chine. Avant le IVe siècle avant J.-C., nous possédons peu d'éléments pour reconstituer précisément l'itinéraire de ces routes antiques qui menaient de l'Extrême-Orient aux abords de la Méditerranée. Épices de l'archipel indonésien transportées jusqu'en Inde à bord de jonques, cannelle de Ceylan et de Chine, poivre d'Inde se retrouvaient peut-être sur les très anciennes pistes caravanières traversant les cols afghans avant de poursuivre ensemble, à dos de chameau, leur long voyage à travers l'empire perse. Entre l'Inde et la Mésopotamie (l'actuel Irak), nombre de denrées précieuses devaient aussi naviguer le long des côtes du golfe Persique.
Les épices demeuraient néanmoins encore un luxe le plus souvent inaccessible, au même titre que la myrrhe ou que toute huile parfumée. Et sans doute fallait-il appartenir aux familles aristocratiques pour pouvoir, ainsi qu'à Lesbos les belles élèves de Sappho, se parfumer à la cannelle : les poèmes de la « dixième muse », qui vivait au VIIe siècle avant notre ère, sont les premiers écrits grecs mentionnant cette épice, ainsi que le safran.
Les Grecs furent les premiers à avoir pour les épices exotiques un amour fou, sacrifiant des fortunes aux plaisirs d'effluves alors rarissimes. Un flacon d'huile parfumée, par exemple, pouvait coûter, selon les épices et les aromates utilisés, le prix d'un ou deux esclaves !
La cuisine grecque quotidienne se parfumait surtout d'un grand nombre d'herbes méditerranéennes, comme le cumin, le cerfeuil, le basilic, la sarriette, le thym... et naturellement le laurier. Le safran poussait aussi en Grèce. Fleurs mauves et précieux stigmates carmin servaient, les premières à confectionner des couronnes parfumées et des offrandes aux dieux dans les temples, les seconds à teindre les étoffes ou à aromatiser le vin, tout comme la cannelle réputée aphrodisiaque.
Au IVe siècle avant J.-C., les conquêtes d'Alexandre le Grand jusqu'à l'Indus, mais aussi la navigation de son amiral Néarque des bouches de ce fleuve à celles de l'Euphrate, permirent d'intensifier les échanges entre l'Orient et l'Occident, et de poser de nouveaux jalons, plus sûrs, le long des côtes et des pistes.
Deux événements considérables de l'histoire du commerce allaient ensuite favoriser la consommation des épices lointaines sur les rives de la Méditerranée : l'établissement d'une « route de la soie » deux siècles plus tard, entre la Chine du nord-est et la Syrie et, peu après, la découverte des possibilités de navigation qu'offraient les vents de la mousson entre l'Inde et la mer Rouge. Durant deux millénaires, jusqu'à l'apparition des bateaux à vapeur, les vents alternants de la mousson allaient servir à l'extraordinaire activité maritime de l'Asie à l'Afrique, et en particulier au commerce des épices : dès l'an 25 avant notre ère, si l'on en croit le géographe Strabon, on pouvait voir sur les côtes de la mer Rouge « jusqu'à cent vingt navires mettre à la voile pour l'Inde ».
La mousson, qui gonflait ces voiles s'élançant vers le grand large d'un océan quasiment inconnu, était un vent parfumé d'épices. Au retour, les cales étaient pleines de girofle, de gingembre, de cannelle, de cardamome et surtout de poivre. Déchargées sur les côtes égyptiennes, les épices rejoignaient le Nil à dos de chameau, puis Alexandrie à la voile.
Le poivre fut chez les Romains une véritable passion gourmande. Le grand cuisinier romain Apicius, que l'on considère souvent comme le premier « chef » de l'Histoire et qui vivait au Ier siècle de notre ère, usait du poivre à foison,

dans toutes ses recettes sans exception, dont beaucoup — telles l'autruche bouillie, le flamant en cocotte ou les tétines de truie farcies — nous semblent aujourd'hui extravagantes. Ces plats de fête, mais aussi ses recettes de sauces, contenaient en outre du cumin, et au moins une demi-douzaine d'autres ingrédients aromatiques, dont le garum — une sauce de poisson macéré, semblable au nuoc-mâm vietnamien —, le carvi, la menthe, le miel, le vinaigre, le vin et la coriandre ! Certes, tous les Romains ne versaient pas dans cette exubérance, et surtout pas les gens du peuple pour qui le poivre et les autres épices demeuraient hors d'atteinte. Mais au moins pouvaient-ils en respirer les effluves dans ce véritable souk aux épices qu'était à Rome la *Via Piperatica*, autrement dit la rue aux poivres, qui dispensait ses couleurs et ses parfums exotiques au-dessus du forum de Trajan.

Poivre, girofle, cannelle, cardamome faisaient les délices des Romains. Pline l'Ancien s'en offusquait dans son *Histoire naturelle*, car cet engouement avait un coût exorbitant : « Selon l'évaluation la plus basse, ce sont cent millions de sesterces par an que l'Inde, la Chine et la péninsule arabique soustraient à notre empire... ». La coriandre, plante aromatique croissant en Méditerranée, donnait en revanche des graines courantes et bon marché (ci-dessus). On appréciait leur saveur piquante, amère et fruitée à Rome, où elles figurent dans les recettes du cuisinier Apicius. Elles sont toujours à l'honneur dans toutes les cuisines d'Orient.

« Gyngembre, poivre, canele et autres espesses »

Après les siècles troublés qui suivirent la chute de l'Empire romain, le Moyen Âge fut friand d'« espices », mot qui apparaît alors dans la langue française — et qui sera bientôt emprunté par les Anglais — pour traduire le bas-latin *species*, désignant les denrées « spéciales », autrement dit rares et exotiques. Un traité de médecine français du XIIIe siècle évoque ainsi les propriétés des « gyngembre, poivre, canele et autres espesses », tandis que le *Roman de la Rose* vante ces « maintes espices délitables que bon mangier fait après table ». « Après table », en effet, car certaines épices, qu'on appelait « confetti » ou « épices de chambre », telles des graines de coriandre enrobées de sucre, étaient dégustées comme de petites friandises digestives après les repas.

L'essentiel de l'usage des épices demeurait médicinal et culinaire. En médecine, les croyances en leurs pouvoirs étaient sans limites : durant les grandes épidémies, on procédait à des fumigations d'épices et d'herbes aromatiques, censées purifier l'air pestilentiel. C'est en cuisine, néanmoins, que l'Europe médiévale connut avec les épices une véritable révolution des mœurs. Disponibles sur les marchés à des prix qui les réservaient aux tables les plus opulentes, toutes les épices que nous connaissons aujourd'hui, excepté la vanille et le piment découverts plus tard avec le Nouveau Monde, furent exaltées avec un étonnant savoir-faire par les maîtres queux du temps. Le plus célèbre d'entre eux, Guillaume de Tirel, dit Taillevent, fut le cuisinier du roi Charles V. Le recueil de recettes qu'il rédigea vers 1380, *Le Viandier* (on appelait alors « viande » tout aliment d'origine animale ou végétale), nous offre un magnifique témoignage sur cet usage des épices au Moyen Âge. L'ouvrage inspira la partie gastronomique d'un célèbre guide ménager destiné cette fois aux maisons bourgeoises, *Le Ménagier de Paris*, paru en 1393.

« Les poivriers ressemblent à des ceps de vigne, écrivit au XIVe siècle le grand voyageur marocain Ibn Battuta dans ses *Voyages* ; on les plante devant les cocotiers autour desquels ils grimpent (...). On cueille le poivre quand vient l'automne et on l'étend au soleil sur des nattes, comme on le fait pour les raisins qu'on veut sécher. » À peu près contemporain, *Le Livre des merveilles du monde*, récit de voyage de Marco Polo, faisait découvrir aux lecteurs d'Occident les richesses de l'Asie (ci-dessus, *La récolte du poivre*). Autre épice adorée au Moyen Âge, le safran symbolisait la fécondité : il colore et parfume quelques risottos servis au célèbre *Repas de noces* de Bruegel l'Ancien (ci-contre).

Ce qui frappe d'abord dans ces ouvrages, c'est l'omniprésence des épices. Pas de plat qui ne soit cuit avec elles ou relevé d'une sauce fortement aromatisée. On a dit souvent que cet usage abondant et constant répondait à un souci d'hygiène ou de camouflage : désinfecter des aliments avariés ou masquer leur goût. Une thèse qui ne résiste pas à l'analyse, quand on sait que les viandes ou les poissons consommés à la table des riches étaient le plus souvent de première fraîcheur, que le gibier faisandé n'est ni malsain ni repoussant, et surtout que les compositions d'épices imaginées pour les plats relevaient d'une recherche extrêmement sophistiquée d'un goût particulier. Les sauces obtenues en liant — grâce à de la mie de pain, de l'amidon, des œufs, etc.— un bouillon d'épices à des jus acidulés de fruits, du verjus ou du vinaigre, relevaient les mets d'une saveur aigre-douce pleine de nuances selon l'aliment et son mode de cuisson. Pas une aromatisation, d'autre part, qui ne soit un mélange de nombreuses épices, tout comme en Orient aujourd'hui. La sauce « cameline », par exemple, qu'on servait avec la langue de bœuf et certains poissons, alliait gingembre, cannelle, girofle, maniguette (une sorte de poivre, dont nous reparlerons), macis (l'enveloppe de la noix de muscade) et poivre long (qu'on appelle aussi « cubèbe »). Les proportions de chacune des épices n'étaient pas toujours précisées, laissant à l'appréciation et au tour de main du cuisinier le soin du dosage. Mais Taillevent préconisait un mélange « tout prêt » d'épices en poudre comprenant « gingembre 4 onces, cannelle 3 onces et demi, muscade 2 onces, clou de girofle et poivre rond (notre poivre courant), de chacun 1 once et demi, poivre long, graine de Paradis (maniguette) et garingal (galanga) de chacun 1 once ». Taillevent conseillait aussi, à juste titre, d'ajouter les épices en fin de cuisson, « car tant plus perdent de leur saveur comme plus tost sont mises ». Ainsi dégustait-on, à la table des princes, des champignons sautés aux épices, des civets de chevreuil ou des brouets de chapon.

Dans tous ces plats figurait le poivre, qui demeurait l'épice reine depuis la Rome antique. L'épice exotique la plus commune n'en était pas pour autant bon marché, comme l'indiquait l'expression d'alors : « cher comme poivre ». La valeur qu'on lui attribuait était telle qu'elle servait souvent de monnaie d'échange, d'impôt aux suzerains, par exemple, ou de dot de la mariée, voire d'amende en cas de délit. Ainsi, les Juifs d'Arles payaient à l'archevêché, en échange de sa protection, une redevance de vingt livres de poivre à l'occasion de la fête des Rameaux. Plus généralement, les « épices des juges » servaient à amadouer ou à remercier les magistrats lors de différends judiciaires. Un acte de corruption, devenu pratique généralisée et même obligatoire durant tout l'Ancien Régime, mais qui se transforma peu à peu, sans changer de nom, en versement en numéraire. Ce « paiement en espesses », qui laissera dans notre langue une expression courante, consistait en ces friandises dont nous avons parlé, dragées ou confitures à base d'épices.

Partout en Europe, muscade et macis (l'enveloppe fibreuse entourant la coquille de la noix) connurent un extraordinaire succès dans les cuisines médiévales, notamment en France, en Angleterre et en Italie (ci-dessus, peinture italienne de la fin du XIVe siècle). En France, les « nois mugades » évoquées dans le *Roman de la rose* se retrouvaient râpées dans de nombreux plats, tels le civet de lièvre, l'anguille et le sanglier. En Angleterre, on préférait le macis. Encore rares et chères, les épices pouvaient servir de monnaie, et fréquemment de rétribution aux magistrats, avocats ou juges : des dragées épicées étaient monnaie courante dans les prétoires (ci-contre, *Paysan rétribuant en nature l'avocat du village*, de Bruegel le Jeune, 1621).

Sindbâd le marin et les marchands de Venise

Si la conquête arabe jusqu'à l'Espagne puis les Croisades avaient redonné aux épices la place qu'elles tenaient dans l'Empire romain, on connaissait très mal leurs pays d'origine, sur lesquels l'imaginaire collectif édifiait une mythologie fabuleuse. Même Marco Polo, ce marchand vénitien qui fut, avec son père et son oncle, l'un des rares Européens de ce temps à suivre en Asie les pistes et les côtes, rapporta de son voyage un récit, le *Livre des merveilles du monde* (1298), où des descriptions exactes de choses vues voisinaient avec d'amusantes fantasmagories censées rendre compte des arrière-pays, force cannibales et monstres animaux à faire pâlir d'effroi.

La raison en est simple : avant le XVIe siècle, à part les Polo et quelques autres très rares marchands vénitiens ou génois, nul Européen ne s'aventurait au-delà des rives méditerranéennes de l'Asie. Passé les grands ports, Constantinople, Tyr ou Alexandrie, passé les premières villes-étapes sur les routes des épices et de la soie, Antioche, Alep ou Palmyre, commençait le royaume interdit des marchands persans, arabes et indiens. Tissé par les liens de l'Islam et la très ancienne tradition commerciale arabe (Mahomet lui-même était issu de la tribu des Qurayshites, commerçants et caravaniers), ce réseau marchand s'étendait sur toute l'Asie, jusqu'aux grands ports chinois.

Personnage des *Mille et Une Nuits*, Sindbâd le marin personnifie le mieux la témérité et le génie commercial des marchands arabes. Les nombreux détails géographiques exacts et précis de ce conte en font une histoire vraie, certainement inspirée des aventures réelles de marchands d'épices du IXe siècle. Ses sept voyages le mènent de Bagdad en Inde, en Chine et, semble-t-il, même au Japon ou en Corée, à la recherche de muscade, de girofle, de poivre, de gingembre, mais aussi de perles, de bois précieux et de camphre. Ainsi se dessine la carte des échanges commerciaux qui gouverna les mers d'Asie durant six ou sept siècles. S'élançant du golfe Persique, les marchands arabes achetaient à Ceylan, en Inde et en Indonésie des épices et autres produits exotiques. Ils échangeaient leurs marchandises en Chine contre de la soie, de la laque et de la porcelaine. Sur le chemin du retour, ils s'approvisionnaient à nouveau en épices. Et finissaient par faire fortune à Bagdad, à Alep ou au Caire. Là, d'autres négociants se chargeaient d'une partie de ces trésors et les acheminaient jusqu'aux rives de la Méditerranée, où s'ouvrait un autre monde.

Sur ces rives, c'est Venise qui les attendait. La minuscule Venise, avec ses marchands et ses galères, devenue grande puissance en Méditerranée depuis le IXe siècle et la constitution de sa formidable flotte de guerre. Au XIVe siècle, ayant fini par éclipser ses rivales, Gênes et Pise, Venise détenait enfin un quasi-monopole du marché européen des épices. Dans les chantiers de l'Arsenal, plus de mille ouvriers étaient employés à la construction des galères de commerce ou de guerre. Deux fois par an, le Sénat de la ville fixait par décret la date de départ de la flottille pour le Levant : protégé par quelques galères armées, un convoi d'une

Aux XIVe et XVe siècles, les négociants arabes et vénitiens détinrent le monopole du commerce des épices entre l'Asie et l'Europe. Le Vénitien Marco Polo (ci-dessus, en costume mongol) fut l'un des premiers Européens à explorer jusqu'en Chine les royaumes épicés d'Asie. Mais les marchands arabes l'avaient précédé depuis des siècles, allant à la rencontre des Perses et des Indiens, tous unis par les liens de l'Islam. Sur les routes des épices, certains marchés d'Orient et d'Asie n'ont pas changé depuis, et l'échoppe d'un marchand d'épices et de grains dessinée par un artiste du Cachemire vers 1850 (ci-contre) semble sans âge.

تشبیه غله فروش و اسباب غله فروشی قلمی میگردد غله فروش در دکان اقسام
غلات در سبدها گذاشته ترازو بدست گرفته وزن میکند

vingtaine de gros navires mus par quarante rameurs que soulageait parfois un bon vent dans les voiles. Ils revenaient quelques mois plus tard chargés d'épices, mais aussi de soie, de coton, de céréales, toujours en convoi pour éviter les mauvaises rencontres. On imagine ce retour, la foule sur les quais, les retrouvailles, les sacs qu'on décharge embaumant les entrepôts. Et parmi ceux-ci, les marchandises qui, transbordées sur d'autres galères après avoir été achetées par les négociants étrangers, partaient vers la France, l'Espagne, le Portugal ou les pays germaniques.
Le XVe siècle vit l'apogée commerciale de Venise, indispensable clé du négoce des denrées les plus précieuses entre l'Europe et l'Asie. La République avait tissé des liens qui semblaient infrangibles avec les maîtres de la Syrie et de l'Égypte, où ces denrées parvenaient après leur long voyage. Et en échange des épices et de la soie, l'or de tout le monde chrétien affluait dans les caisses de la Sérénissime. Mais elle s'endormait sur son or et se réjouissait un peu vite dans ses somptueux palais gothiques édifiés grâce à lui, comme la Ca' d'Oro ou la Ca' Dario. Le système qui, depuis des siècles, faisait des puissances islamiques du Levant d'une part, et de Gênes ou de Venise d'autre part, les intermédiaires obligés entre l'Europe et l'Asie, ce système allait brutalement s'effondrer avec les grandes découvertes.

Vers les terres à épices

Comment Venise aurait-elle pu se douter que le Portugal, ce royaume atlantique qui semblait si loin du cœur du monde, allait, en contournant la barrière du Levant, la détrôner ? Comment imaginer qu'il existait, pour se rendre sur les marchés des épices, une autre route que celle de la Méditerranée dont elle contrôlait tous les ports ? Bercée par la routine de sa fortune, Venise ne s'inquiéta même pas lorsque, en 1415, sous prétexte de croisade, les Portugais prirent Ceuta, port africain en face de Gibraltar, qui commandait la sortie vers l'Atlantique, c'est-à-dire vers l'Europe du Nord. Mais Ceuta représentait bien davantage encore : le premier pas des Portugais en Afrique, continent dont on pressentait à peine la richesse, bien qu'il donnât déjà l'or du Soudan et cette épice de Guinée qui ressemblait au poivre, la maniguette. Elle venait d'un pays si mystérieux qu'on l'appelait « graine de paradis ». Transportée à dos de chameau jusqu'aux rivages de Tunisie ou de Tripolitaine, moins bonne mais surtout moins chère que le poivre d'Inde, elle avait conquis l'Europe au XIIIe siècle.
Ceuta fut reprise par les Maures en 1438. Mais, depuis longtemps déjà, l'un des fils du roi Jean qui l'avait conquise, l'infant Henri,

Destinées à la navigation entre le Levant et Venise, les galères de commerce de la Sérénissime évoquaient encore les navires grecs ou romains. Elles firent la puissance de Venise jusqu'au début du XVIe siècle. Quarante rameurs et trois cents soldats étaient à bord, dont les très réputés arbalétriers de poupe recrutés parmi la petite noblesse. Transportant les marchandises les plus précieuses, au premier rang desquelles les épices, elles étaient soumises à un contôle étatique très pointilleux. Leur rapidité, leur sécurité, leur autonomie par rapport aux vents en firent des vaisseaux insurpassables... en Méditérranée.

avait établi une autre base de lancement vers l'Afrique : le port de Sagres, au cap Saint-Vincent, à l'extrémité méridionale du Portugal, où il avait installé sa résidence. À Sagres, celui qu'on appellera « Henri le Navigateur » avait fait aménager un port et bâtir un arsenal. C'est de là qu'il enverrait ses expéditions jusqu'aux confins méridionaux de l'Afrique. On exploiterait ses richesses, son or et toutes les graines de ses paradis, on évangéliserait ses habitants. Une ambition grandiose, une mission complexe et périlleuse, qui nécessitait une longue préparation : les mers qu'il s'agissait d'explorer étaient totalement inconnues. Le prince réunit alors dans sa bibliothèque tous les ouvrages des savants géographes et des voyageurs, une multitude de cartes et de planisphères et fit venir des architectes navals, des cartographes et des astronomes, en plus des meilleurs marins génois, vénitiens ou arabes. Plusieurs expéditions fuent organisées, toujours plus au sud. Chacune d'elles apportait sa moisson d'informations sur les vents, les courants, le tracé des côtes, que l'équipe réunie à Sagres examinait pour en tirer les leçons et dresser des cartes, les fameux « portulans ».

En ouvrant une nouvelle route des Indes par le contournement de l'Afrique, et en s'imposant dans tous les ports importants d'Asie jusqu'en Chine, le Portugal devint au XVIe siècle le maître incontesté du commerce des épices. Le port de Lisbonne (ci-dessus, illustration de Théodore de Bry) fut désormais la plaque tournante qui portait celles-ci jusqu'à l'Europe du Nord. Mais la guerre des épices ne faisait que commencer. Au siècle suivant, les Hollandais prirent Ceylan et les Moluques. La prise de Kolang, sur la côte de Malabar, en 1662, et les riches entrepôts de l'île d'Amboine, aux Moluques, illustrèrent magnifiquement le récit des *Voyages aux Indes orientales* du hollandais Johan Nieuhof, qui parut en 1682 et connut un succès considérable (double page suivante).

y^e House of y^e chief Director
Misericordia
S^t. Francis
S^t. Thomas
topas
Nos Sinyoris
Three water Channels
Gates of y^e City
Decker. fe

The Isle of
AMBOINA

Henri s'éteignit en 1460. Pour Jean II, souverain couronné vingt ans plus tard, le but de cette navigation vers le sud n'était plus tant l'exploration de l'Afrique, finalement assez pauvre, que la découverte d'une nouvelle route des épices vers l'Asie. Une route maritime qui, en contournant l'Afrique, supprimerait les intermédiaires vénitiens et arabes. C'est en 1487 que des vents violents entraînèrent les trois navires du capitaine Bartoloméo Diaz en haute mer au-delà du cap de Bonne-Espérance. Les vents calmés, le commandant mit cap à l'est sans trouver terre, puis cap au nord pour aborder enfin la rive orientale de l'Afrique, le 3 février 1488. Voici que s'ouvrait la nouvelle route des épices, à l'horizon de l'océan Indien. Il fallut néanmoins attendre encore neuf ans avant qu'un marin ne s'y engage.

Pendant ce temps, une autre route des Indes avait été explorée, celle de l'ouest par l'océan Atlantique. Nourri du livre de Marco Polo et de son hypothèse que l'est de l'Asie, c'est-à-dire le Japon, n'était qu'à courte distance de l'Europe, le Génois Christophe Colomb, après un essai infructueux auprès de Jean II, avait fini par convaincre le roi d'Espagne, Ferdinand II. En 1492, il aborda le Nouveau Monde avec la certitude d'avoir découvert une nouvelle voie vers l'Asie. Au terme de sa première expédition, il ne rapporta ni or ni épices, mais quelques « Indiens ». À Hispaniola, future Haïti, les compagnons de Colomb avaient cependant noté la présence d'une épice aussi piquante que le poivre, qu'ils avaient baptisée du même nom, *pimienta* : le piment. Cette nouvelle épice fut réellement exportée en Europe au siècle suivant, en même temps que la vanille, découverte par Cortés chez les Aztèques.

Le bilan somme toute décevant des expéditions de Colomb, et surtout le traité de Tordesillas de 1494 qui traçait, à 370 lieues marines à l'ouest des îles du Cap-Vert, une ligne de partage du monde entre Espagnols et Portugais, poussèrent ces derniers à reprendre la route africaine des Indes. Le capitaine Vasco de Gama et ses quatre navires appareillèrent pour l'Inde à Lisbonne le 8 juillet 1497. Leur objectif était le port de Calicut, capitale de la côte de Malabar, la « côte du poivre ».

Après quelques aventures sur la côte orientale de l'Afrique et la traversée de l'océan Indien, Calicut fut atteint le 20 mai 1498. La ville, gouvernée par un rajah musulman, le *zamorin*, connaissait alors une extraordinaire activité commerciale autour des principaux trésors de l'Inde et des îles de l'océan Indien : gingembre, poivre, cannelle, girofle et muscade, mais aussi soies, laques et porcelaines, pierres et bois précieux s'embarquaient ici pour les pays arabes et l'Europe. Gama fut accueilli fraîchement par le *zamorin* : éclairé par quelques marchands arabes, il avait compris le danger que représentaient ces nouveaux venus, capables de mettre à bas un système plus que millénaire à leur seul profit.

Le voyage du retour fut un enfer, deux hommes sur trois périssant du scorbut, et deux navires devant être abandonnés. Mais les cales des deux autres regorgeaient d'épices et de pierres précieuses, et Gama fut reçu en triomphe. La nouvelle route des épices venait d'être inaugurée. Restait à en devenir maître.

Il fallut à Vasco de Gama (ci-dessus) deux expéditions militaires — en 1498 et en 1502— pour établir la puissance portugaise sur la côte indienne de Malabar, dite « Côte du poivre » (ci-contre, sur une carte du XVIIe siècle). La deuxième, surtout, est révélatrice des méthodes employées dans cette course aux épices : au large de l'Inde, en guise d'avertissement, un navire transportant des pèlerins de retour de La Mecque fut pris et incendié avec ses 380 passagers. Arrivé devant Calicut, le grand port des épices, les Portugais se saisirent de quelques marchands arabes sur leur navire, les pendirent, les découpèrent en morceaux qu'ils expédièrent aussitôt au gouverneur indien. Terrorisé, ce dernier se soumit et laissa les Portugais ancrer cinq navires de guerre.

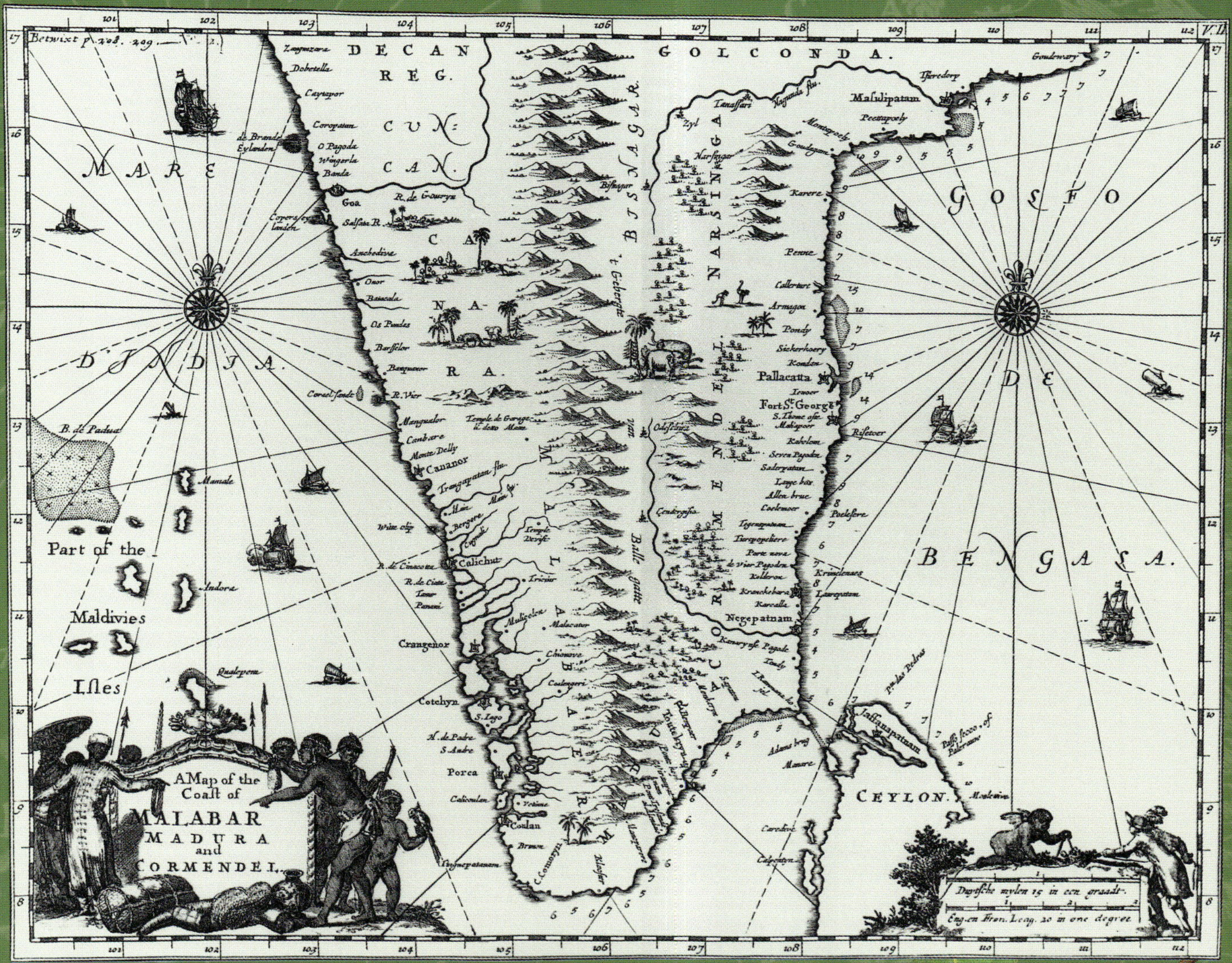
A Map of the Coast of MALABAR MADURA and CORMENDEL
DECAN REG.
GOLCONDA.
MARE D'INDIA
GOLFO DE BENGALA
CEYLON.
Part of the Maldivies Isles
Masulipatam
Pallacatta
Negepatnam
Calichut
Cananor
Goa

c'est-à-dire à assurer l'approvisionnement en denrées et la sécurité de leur transport. Seule une expédition militaire semblait pouvoir y parvenir. Il y en eut plusieurs, et celle de Vasco de Gama, revenant à Calicut en 1502 avec l'intention de s'y imposer définitivement, fut décisive. Gama ne se contenta pas de Calicut, guerroya le long de la côte du poivre et installa une première factorerie portugaise à Cochin. Dès 1503, le poivre coûtait cinq fois moins cher à Lisbonne qu'à Venise...

L'ÈRE DES GRANDES COMPAGNIES

Cette première guerre des épices, celle de l'emprise portugaise sur l'Inde, dura encore une dizaine d'années. En 1510, les Portugais prirent le port de Goa, qui allait devenir la capitale de l'Estado do India. En 1511 ce fut le tour de Malacca, port qui contrôlait l'accès à la mer de Chine, puis d'Ormuz, en 1513, qui permettait de verrouiller le golfe Persique. Quelques années plus tard, la route orientale des épices lui étant fermée, et les terres découvertes à l'ouest par Christophe Colomb n'étant décidément pas l'Asie, le tout nouveau roi d'Espagne Charles Ier, le futur Charles Quint, reçut avec bienveillance le projet d'un Portugais en disgrâce à Lisbonne : ce navigateur, nommé Fernão de Magalhães — en français « Magellan » —, se proposait d'atteindre par l'ouest l'archipel des Moluques, îles des épices les plus précieuses, le girofle et la muscade. Après avoir réuni les fonds nécessaires et fait construire cinq navires, Magellan appareilla le 20 septembre 1519 du port de Sanlùcar de Barrameda. Le détroit qui allait porter son nom fut découvert au début de l'année suivante, puis les îles Mariannes et les Philippines, abordées en février 1521. C'est là, le 21 avril, sur une plage de l'île de Mactan, que le navigateur fut massacré par quelques indigènes. L'expédition, déjà bien affaiblie par des mutineries, poursuivit néanmoins sa route, et atteignit les Moluques en novembre. L'historiographe de l'expédition, Antonio Pigafetta, raconta comment, avant de fuir la menace portugaise, les Espagnols eurent le temps de

Pics volcaniques aux pentes abruptes et fertiles, les îles des Moluques (ci-dessus, Makyan, l'une des îles de l'archipel, sur une planche hollandaise du XVIIe siècle), seul endroit au monde où poussaient muscade et girofle à l'état sauvage, furent soumises à la férule hollandaise. Détentrice au XVIIe siècle du monopole des deux épices les plus rares, la puissante Compagnie hollandaise des Indes orientales (Vereenigde Oostindische Compagnie) installa son siège général (ci-contre) et ses principaux entrepôts à Batavia, l'actuelle Jakarta (double page suivante : *Marchand hollandais de la Compagnie des Indes orientales et sa femme devant Batavia*, par Albert Cuyp, vers 1650). Pour éviter de perdre le monopole, tout vol dans les hangars à épices, gardés par des hallebardiers, était puni de mort.

日 Son
月 Maan
星 Sterre
船長十四丈余幅三丈八尺
高三丈五尺惣柱長十四丈余
旗竿十三丈余帆數十八
石火矢三十六挺煙出シ
三丈余人數百余人
日本ヨリ海上里数

charger leurs cales de muscade et de girofle, une partie des épices étant échangée contre « dix brasses de drap rouge assez bon ». En contournant l'Afrique et en trompant la vigilance des Portugais, un seul navire, avec à son bord dix-huit survivants, put regagner l'Espagne le 6 septembre 1522. Ainsi s'accomplit le premier tour du monde.

D'autres expéditions défiant le monopole portugais, cette fois françaises et anglaises, furent lancées sur la route des épices tout au long du XVIe siècle. La plus célèbre, et la plus riche d'espoir, fut celle du corsaire anglais Francis Drake. Parti tout autour du monde, en 1577, à la chasse aux galions espagnols, il parvint aux Moluques par la route de Magellan, et coula un navire portugais avant de passer accord avec le roi de Ternate, l'une des îles du girofle. Premier anglais de l'Histoire à se fournir directement en épices, il fut reçu avec les plus grands égards par la reine Elizabeth. Mais une fois le Portugal réuni à l'Espagne, en 1580, les rêves anglais vinrent s'échouer pour un temps sur les rives infinies du nouvel empire colonial ainsi formé par Philippe II, le plus vaste de l'Histoire, qui semblait invincible.

Et pourtant... Au moment où se formait ce géant, les protestants des Pays-Bas, réunis sous la bannière de Guillaume d'Orange dans leurs sept « Provinces-Unies », se révoltaient contre la férule catholique espagnole et proclamaient leur indépendance. La guerre qui s'ensuivit, et qui ne prit réellement fin qu'en 1648, interdit l'accès de tous les ports portugais et espagnols à la flotte d'Amsterdam à partir de 1594. Depuis longtemps déjà, celle-ci, en s'approvisionnant en épices et autres denrées précieuses à Lisbonne, puis en les acheminant dans tous les ports de la mer du Nord et de la Baltique, avait acquis une puissance considérable. Elle se trouvait désormais privée de source d'approvisionnement. Très soudés et bien organisés, disposant de capitaux importants, les marchands hollandais ne tardèrent pas à réagir. Neuf d'entre eux se réunirent pour fonder une compagnie commerciale destinée à se lancer directement sur la route des épices, la « Compagnie des pays lointains ». Sa première expédition, constituée de quatre navires chargés de drap et d'argent, partie d'Amsterdam au printemps 1595, atteignit l'île de Java par le cap de Bonne-Espérance, puis revint en passant par les Moluques. À son retour au début 1597, ce furent des équipages aux deux tiers décimés par le scorbut qu'accueillirent triomphalement les Hollandais, fêtant davantage le symbole d'une indépendance retrouvée que les quelques sacs de poivre et de girofle déchargés des cales.

Les deux expéditions financées l'année suivante par la Compagnie des pays lointains furent beaucoup plus rentables, incitant à la création de plusieurs autres compagnies semblables. C'est en se réunissant qu'elles allaient fonder en 1602 la Compagnie hollandaise des Indes orientales, société par actions au capital de six millions de florins, devenue bientôt extrêmement puissante, un véritable État dans l'État. Ses succès aux Indes correspondirent au déclin de l'empire de Philippe II : trop vaste et

« Nous avons aujourd'hui soixante-dix scorbutiques forcés de garder le lit Si nous restons encore huit jours à la mer, nous périrons infailliblement. On a jeté à l'eau un jeune homme de dix sept ans. » Cet extrait du *Voyage à l'Isle de France* de Bernardin de Saint-Pierre, l'auteur de *Paul et Virginie*, témoigne des conditions de vie à bord des navires des grandes compagnies (ci-contre, un bateau de la Compagnie hollandaise des Indes). Entre l'Europe et l'Asie, le voyage durait cinq à six mois, le plus souvent sans escale. Mauvaise hygiène et scorbut terrassaient les équipages (ci-dessus, un Dragon de la Compagnie française des Indes en 1791). Double page suivante : canneliers, muscadiers et girofliers aux Indes Orientales, dans l'Atlas de Leyde (XVIIe siècle).

1. Arbre de canelle. 2. Comment on en tire l'ecorce. 3. Lieu où on la Sèche. 4. Noix Muscade. 5. Macis, ou fleur de muscade. 6. Huile de muscade. 7. Musadier. 8. Chasse des Elephans dans Ceylon.

1. Kaneel boom. 2. Kaneel schelling. 3. drooging. 4. Noot muscaet. 5. Foly. 6. Noot oly. 7. Noote boom. 8. d' Olyfanten vangst op Ceylon.

Canelle, Muscade, Chasse des Elephans, etc.

a Leide

1. Clous de girofle. 2. Girofle. 3. Maniere donton recueille et séche les clous. 4. Bambou. 5. Canne.
6. Montagne qui vomit des flammes dans l'Ile de Ternate, une des Moluques.

1. Kruÿt nagel. 2. Nagelboom. 3. Nagelvergadering en drooging. 4 Bamboes. 5. Rotting.
6. Brandende berg van Ternate.

Girofle, Bambous,
Montagne brulante, etc.

Pierre vander Aa.

disséminé pour être réellement contrôlé, miné par les expéditions de corsaires, exploité sans véritable sens commercial, l'empire espagnol n'offrit aucune résistance à l'extraordinaire détermination hollandaise. Celle-ci, en outre, à l'inverse de la prétention universelle des Hispaniques, se focalisait au départ sur un seul produit, à la valeur ajoutée considérable : les épices. Et donc sur une aire géographique relativement restreinte, d'où provenait l'essentiel, l'Inde et l'Insulinde. En 1605, que pouvait donc bien faire, dès lors, face à une flottille de quatorze vaisseaux bien armés, l'équipage du seul navire portugais défendant l'île d'Amboine, l'une des plus riches en épices des Moluques ?

En un demi-siècle, la Compagnie hollandaise se rendit ainsi maître des terres à épices. Après les Moluques, tombèrent dans les coffres-forts d'Amsterdam les profits tirés de Java, de Malacca, de Ceylan, des Célèbes, de la côte de Malabar en Inde. En cette période faste de l'empire colonial d'Amsterdam, deux autres puissances semblaient en mesure de concurrencer les Hollandais : celle de l'East India Company, fondée à Londres en 1600 sous la haute protection de la reine Elizabeth, et celle de la Compagnie des Indes orientales créée par Colbert en 1664. Mais face à la supériorité hollandaise dans le monde des épices, la première préféra traiter avec la Chine, son thé et son opium, tandis que la seconde, installée dans ses comptoirs indiens de Pondichéry et de Chandernagor, se tourna davantage vers le coton, la soie, le riz ou le café.

Ainsi donc, et surtout après la prise de Ceylan et de sa cannelle aux Portugais en 1664, les Hollandais imposèrent leur suprématie tout au long du XVIIe siècle. Dans la très florissante capitale de leur empire des Indes fondée en 1619, Batavia (l'actuelle Jakarta), négociants et administrateurs roulaient en carrosses dorés. C'est là qu'affluaient de tout l'océan Indien les épices, et qu'elles étaient entreposées avant de repartir, en des convois armés, vers l'Europe. Principaux acteurs du com-

Galvanisés par les exploits du corsaire Francis Drake, les Anglais songèrent à se bâtir un empire colonial aux Indes dès la fin du XVIe siècle. Créée en 1600, l'East India Company installa son premier comptoir en Inde en 1611. Elle se heurta néanmoins longtemps à la suprématie hollandaise dans le domaine des épices, et ne s'imposera aux Indes et à Ceylan qu'à la fin du XVIIIe siècle. Dès lors, docks et quartier de Londres liés au commerces avec les Indes orientales connurent une intense activité (ci-dessus, *Vue des docks des Indes orientales*, aquarelle de William Danielli, 1908 ; page ci-contre, *Leadenhall street*, aquarelle de Thomas Halton, 1800).

N°125
Choice
Pine
Apple
RUMS
Goldsmith & Jeweller
BULL

merce du poivre et de la cannelle grâce à leurs possessions en Inde et à Ceylan, les Hollandais s'imposaient surtout avec les deux épices les plus parfumées, les plus convoitées et les plus chères, la muscade et le girofle qui ne poussaient qu'aux Moluques. Cette dernière caractéristique favorisait bien sûr les Hollandais : le contrôle d'un seul archipel suffisait à assurer le monopole mondial des deux épices. Mais l'archipel, riche de trois « grandes » îles et d'une infinité d'autres îlots disséminés sur une mer dix fois plus vaste que les Pays-Bas, ne pouvait être aisément surveillé. Peu après leur installation, les nouveaux maîtres, prévoyants, concentrèrent alors toute la production sur quelques toutes petites îles — la muscade aux îles Banda, le girofle à Amboine —, faisant détruire de force tous les arbres à épices croissant ailleurs. Désormais, toute plantation non autorisée, et tout vol de plants, serait puni de mort. Une fois le territoire bien contrôlé, restait à assurer à la production, grâce à une politique de limitation de l'offre, un cours élevé sur les marchés mondiaux. C'est ainsi que les récoltes trop abondantes pouvaient être stockées des années durant dans les entrepôts de Batavia. Mieux encore, lors de spectaculaires festivités, des montagnes d'épices excédentaires partaient en fumée. La meilleure société de Batavia était conviée à un festin et à un bal se déroulant devant une vaste esplanade où le bûcher était allumé. Des masses de muscade et de girofle se consumaient ainsi la nuit durant, délivrant d'exquises senteurs pour le plus grand plaisir des danseurs et le plus grand profit des marchands.

« Aimez-vous la muscade ? On en a mis partout... » L'ironie de Boileau révèle le prix qu'on attachait depuis le Moyen Âge à cette « épicerie rare », l'une des denrées les plus chères de la planète, longtemps confinée dans son berceau des Moluques. Depuis des siècles, Indiens, Arabes et Chinois l'appréciaient pour ses vertus culinaires et médicinales. Les grandes nations d'Occident se la disputèrent à coups de canon. Les Hollandais concentrèrent sa production sur les petites îles Banda, aisément contrôlables, avant de perdre leur monopole au XVIIIe siècle. Grâce aux Anglais, la belle fleur du muscadier (ci-dessus), prémisse d'un fruit délicieux, put s'épanouir à Ceylan (ci-contre, une plantation vers 1860), en Malaisie, à Singapour et à La Grenade.

Les aventures de monsieur Poivre

Durant plus d'un siècle, aucune grande compagnie maritime, aucune flotte de guerre, ne parvinrent jamais à briser ce monopole hollandais des épices les plus précieuses. Un homme seul, pourtant, un Français fort têtu au nom très étrangement prédestiné, Pierre Poivre, allait dérober ce trésor aux Hollandais et offrir les épices à son pays.

C'est à Batavia, en 1745, que ce rêve naît dans les pensées du jeune Pierre Poivre. À vingt-six ans, ce fils de mercier lyonnais a déjà vécu bien des aventures. Quatre ans plus tôt, novice aux Missions étrangères vraisemblablement davantage par goût du voyage que par vocation religieuse, il a été envoyé en Chine puis en Cochinchine. Exclu de sa congrégation en 1744, il s'embarque à Canton pour retourner en France, sur le *Dauphin*, un navire de la Compagnie des Indes chargé de soie chinoise. En février 1745, passant le mince détroit de Bangka, entre l'île du même nom et Sumatra, le *Dauphin* est attaqué par une flottille de frégates et de bricks anglais : en Europe aussi bien qu'aux Indes, la guerre de Succession d'Autriche oppose alors Français et Anglais. Au cours du combat, Pierre Poivre perd son bras droit, arraché par un boulet de canon. Les Français, faits prisonniers, sont conduits à Batavia où les Anglais les relâchent, alors que le *Dauphin* et sa cargaison sont vendus.

Pierre Poivre demeure à Batavia quatre mois, le temps que se cicatrise son bras amputé. Durant son séjour dans l'opulente capitale des Indes hollandaises, il arpente les quais du port, flâne le long des entrepôts embaumant le girofle, observe le chargement des épices sur les magnifiques navires de la Compagnie d'Amsterdam. Partout les gardes veillent au monopole : pas une graine ne doit manquer. C'est ainsi que naît en lui l'idée folle de subtiliser une part de ce trésor au profit de la France. Il suffirait de quelques graines volées pour tenter de faire pousser muscade et girofle sur une terre française des Indes... L'année suivante le voit à Pondichéry où il rencontre Mahé de La Bourdonnais, gouverneur des îles de France et de Bourbon (qui deviendront plus tard l'île Maurice et la Réunion). Poivre le suit à l'île de France où il découvre une terre propice à la culture des épices puis, pressé de convaincre quelques ministres à Versailles du bien-fondé de son projet, s'embarque aussitôt pour son pays natal, à bord d'un navire hollandais. Hélas, les mers sont peu sûres, on l'a vu, et cela même à quelques encablures des côtes de France ! C'est à l'entrée de la Manche que le navire est abordé puis pillé par un corsaire malouin. Accueilli à son bord, Poivre se remet à peine de ses émotions qu'une frégate anglaise attaque le bateau corsaire et s'empare de tout l'équipage... Le Français restera prisonnier à Guernesey durant environ un an.

En juin 1750, après une mission commerciale en Cochinchine, Poivre est autorisé à embarquer sur un bateau de la Compagnie en route vers Manille. Il y demeure plusieurs mois, consacrés à récolter auprès des marins du

Comme sa sœur la muscade, le très parfumé girofle des Moluques, dont même les feuilles embaument sur l'arbre (ci-contre, un girofliler), suscita toutes les convoitises. Connu depuis au moins trois mille ans en Inde et en Chine, Portugais puis Hollandais s'en emparèrent, avant qu'une expédition française organisée par Pierre Poivre (ci-dessus) ne parvienne à en subtiliser quelques dizaines de pieds, en 1770, dans la petite île de Batania. Dès lors, le girofle allait prospérer dans les colonies françaises. À partir du XIXe siècle, par la volonté de son sultan Saïd, l'île de Zanzibar en devint le premier producteur mondial : en 1895, cent quarante mille esclaves africains y travaillaient dans les plantations de girofliers...

monde entier faisant relâche aux Philippines des renseignements précis sur les Moluques. Il apprend ainsi que certaines petites îles de l'archipel donnent muscade et girofle et sont peu surveillées par les Hollandais. Il parvient même à se procurer, à Manille, quelques plants de muscadiers et noix de muscade pouvant germer. Un exploit jusqu'alors inimaginable, dont Poivre ne révélera jamais les dessous. Expédiés à l'île de France, ils périront faute de soins. Il rapportera lui-même dans l'île d'autres noix de muscade, preuve que le monopole hollandais peut être brisé, mais hélas trop peu nombreuses pour tenter une véritable exploitation. Confiées, avant un nouveau départ vers les Indes, à un conservateur du jardin botanique de l'île, le « Réduit », elles ne survivront pas non plus. On apprendra plus tard que ce conservateur, jaloux des succès de Poivre, les a détruites...

Quelques autres plants de mauvaise muscade sauvage, rapportés en juin 1755 de Timor, seront à nouveau sabotés par le botaniste officiel de l'île de France... Accablé, découragé, Poivre décide alors de rentrer en France. Il acquiert une propriété près de Lyon, y demeure dix ans, y rédige une multitude de rapports scientifiques. L'un d'eux, inspiré des Lumières et consacré aux mœurs « des peuples de l'Afrique et de l'Asie », est imprimé par un éditeur d'Amsterdam sous le titre de *Voyages d'un philosophe*. L'ouvrage sera lu et apprécié en haut lieu. En 1766, le ministre Choiseul l'appelle à Paris et lui propose de devenir Intendant de l'île de France. Poivre accepte.

Dirigée par le nouvel Intendant, l'île rétablit ses finances et s'engage sur la voie du développement agricole. Poivre donne l'exemple, en achetant une propriété, « Mon Plaisir », qu'on appellera bientôt le « Jardin des pamplemousses ». Il en fait un extraordinaire jardin botanique et zoologique, la plus exotique des parts du royaume de France où s'épanouiront peu à peu toutes les plantes de l'océan Indien. Surchargé par ses tâches d'administrateur et d'agriculteur, Poivre ne songe plus à aller lui-même chercher la muscade et le girofle que se réservent toujours les Hollandais. Au printemps 1768, il charge de cette mission le capitaine d'un navire, *L'Utile*. Cette première expédition tournera au désastre, entre tempêtes, démêlés avec un roitelet de Timor, scorbut et autres maladies tropicales, et un seul membre de l'équipage y survivra. Au printemps suivant, la deuxième expédition compte deux navires, le *Vigilant* et l'*Étoile du matin*. Après quelques mois de navigation, les deux bateaux se séparent : le *Vigilant* se dirige vers Timor, d'où Poivre avait rapporté de la muscade quinze ans plus tôt, et l'*Étoile du Matin* vers les Moluques. Le premier rentrera bredouille, le second marquera l'histoire des épices. Évitant la flotte hollandaise, glanant des informations d'île en île et ralliant quelques chefs indigènes, l'*Étoile* et ses hommes parviennent sur la petite île de Batania où la population les accueille en libérateurs. L'île est riche en muscadiers et en girofliers sauvages. En juin 1770, l'*Étoile du matin* peut enfin décharger sur les quais de Port-Louis, puis porter immédiatement à « Mon Plaisir », quelques centaines de pieds de muscadiers et de girofliers, ainsi que plusieurs milliers de noix et de graines... Le monopole est brisé. Un an plus tard, Poivre est anobli, et le tout nouveau « chevalier Le Poivre » est nommé Commissaire général de la Marine. Muscades et girofles sont distribués à l'île Bourbon, à Madagascar et en Guyane, pour y être cultivés. Au Jardin des Pamplemousses, les premiers fruits de girofliers voient le jour en 1775, et la première récolte importante aura lieu deux ans plus tard. Les muscadiers suivront peu après. Revenu en France dès 1773 après avoir vendu son domaine au roi, Poivre rejoint le royaume des épices éternelles en 1786.

En 1930, sous la surveillance d'un intendant colonial hollandais, les cueilleurs de l'une des petites îles Banda, aux Moluques, livrent leur récolte de muscade (ci-contre, en haut). Ils sont munis de leur *gai gai*, gaule en bambou permettant de cueillir les fruits, encore en usage aujourd'hui. Du fruit seront extraits le noyau et son beau macis rouge, qui sera mis à sécher au soleil (ci-contre, en bas). Le noyau sera brisé pour livrer son amande : la « noix de muscade ». Double page suivante, un port que le commerce des épices fit prospérer : Toulon (*Vue du vieux port,* de Joseph Vernet).

ÉPICIERS DES TEMPS MODERNES

Un quart de siècle après la mort de Pierre Poivre, les Anglais s'emparaient de l'île de France et de son « Jardin des pamplemousses ». Girofliers et muscadiers « français » allaient dès lors s'épanouir à Madagascar, aux Comores, aux Antilles...

Dans le nouveau partage des saveurs lointaines, cependant, les épices ne comptaient plus autant qu'autrefois. Négociants et premiers industriels de l'alimentation faisaient désormais fortune avec le sucre, le cacao ou le thé aussi bien qu'avec la cannelle ou le gingembre. Et autour des tables d'Europe les plus raffinées, les choses avaient bien changé depuis le Moyen Âge. Dès le XVIe siècle, à la surabondance d'épices avait succédé un usage plus modéré, plus subtil, plus respectueux du goût des aliments. En même temps se formaient autour des épices des préférences nationales, donnant à la cuisine française de fréquentes saveurs de muscade, à l'anglaise plutôt de macis, à l'espagnole de safran. Mais plus on avançait dans le siècle, plus disparaissaient les épices des traités de cuisine. Devenant plus communes, plus courantes, certains commençaient à les trouver vulgaires. Cette façon qu'elles avaient de s'imposer au palais, d'écraser les autres saveurs, relevait d'une certaine muflerie. Aussi avaient-elles presque disparu des cuisines aristocratiques au milieu du XVIIe siècle. En 1665, dans son *Repas ridicule*, Boileau pouvait railler la table où s'affichait le mauvais goût bourgeois : « Aimez-vous la muscade ? On en a mis partout / Ah Messieurs, ces poulets sont d'un merveilleux goût ! » La mode était passée. Aux saveurs poivrées et piquantes, la meilleure société préférait désormais la douceur du sucre, les vertiges sensuels du chocolat, la stimulation intellectuelle du café. Cette désaffection dura jusqu'au XXe siècle. Durant plus de deux siècles, à l'image d'Alexandre Dumas et de son *Grand Dictionnaire de la cuisine*, les grands traités de gastronomie, ceux de Marie-Antoine Carême ou de Brillat-Savarin, mentionnent à peine les épices. Notons que ce rejet fut moindre en Angleterre, même à la cour de George IV, dont Carême fut le cuisinier. Ce dernier rapporta que son maître, alors Prince Régent, exigeait tant de mets épicés qu'il en « éprouvait souvent des douleurs tout le jour et toute la nuit »...

Si les épices avaient déserté pour un temps les meilleures cuisines, celles des princes, elles embaumaient encore abondamment les officines des épiciers et des apothicaires où se fournissaient les bourgeois. Aux XVIIIe et XIXe siècles, à l'ère de l'avènement d'une bourgeoisie avide d'une nouvelle qualité de vie, en particulier des plaisirs de la table, certains de ces épiciers firent fortune. William Fortnum et Hugh Mason, qui fondèrent en 1707 la célèbre maison londonienne qui porte encore leur nom, furent les ancêtres de ces grands épiciers fournisseurs des élites urbaines. Avant de s'associer à Hugh Mason, le propriétaire de son logement, William Fortnum, laquais à la cour de la reine Anne, avait réussi dans un commerce de bougies d'occasion, celles des chandeliers du Palais qu'on remplaçait tous les

Longtemps seulement disponibles auprès des petits épiciers et des apothicaires, les épices allaient connaître un renouveau commercial à partir de la fin du XIXe siècle, grâce à la création des premières « grandes surfaces » spécialisées dans l'alimentation. Dans les entrepôts des grands ports occidentaux, les négociants venaient acheter aux enchères les épices venues de tous les continents (ci-dessus, muscade et macis vendus aux enchères à Amsterdam ; ci-contre, en vignette, inspection de la cannelle avant les enchères à Londres). La cannelle (ci-contre), « enfant d'un sol lointain qui fait oublier les parfums d'une rose » comme le disait déjà Petrone, demeure aujourd'hui l'une des épices les plus recherchées.

jours... Il fallut attendre néanmoins deux générations pour que cette petite affaire se transforme en épicerie de luxe, et que les héritiers des fondateurs deviennent fournisseurs de la Cour en bougies, et surtout articles alimentaires, thés, vins fins et épices. À la fin du XVIIIe siècle, la maison Fortnum & Mason était la grande pourvoyeuse d'épices à Londres, bien approvisionnée par quelques cousins Fortnum membres de l'East India Company. À Londres encore, la maison Harrods, dont les célèbres *Food Halls* reçoivent encore aujourd'hui des milliers de clients chaque jour, ouvrit en 1849. À Amsterdam, ce fut en 1743 la droguerie-herboristerie Jacob Hooy, dont le magnifique magasin existe toujours sur le Kloveniersburgwal. À Paris, Ferdinand Hédiard, sentant venir cet attrait pour l'exotisme colonial qui culminerait bientôt avec les grandes expositions internationales, inaugura son « Comptoir d'Épices et des Colonies » en 1850. En 1886, Auguste Fauchon, après un apprentissage chez le grand épicier Félix Potin, ouvrit une épicerie fine riche de produits exotiques, toujours présente place de la Madeleine. La curiosité croissante des citadins pour les gastronomies lointaines était ainsi comblée. À Londres, Amsterdam, Anvers, Philadelphie ou Chicago, les Expositions universelles ou coloniales se succédaient en cette fin de siècle, faisant connaître à des foules enthousiastes de nouveaux horizons savoureux. À L'Exposition universelle de 1900, à Paris, les visiteurs pouvaient découvrir deux restaurants indiens — l'un situé au pavillon de l'Inde française et l'autre à celui des Colonies anglaises —, plusieurs « restaurants exotiques » au pavillon de l'Algérie, un « restaurant authentique du Céleste Empire » au pavillon de la Chine, des « restaurants turc et arabe » au pavillon de la Turquie... Mais seul le relais des industriels, au siècle suivant, fit renaître enfin un réel engouement populaire pour les épices. Entre les deux guerres, des maisons telles que McCormick aux États-Unis (aujourd'hui le plus important vendeur d'épices au monde), Daamhouver aux Pays-Bas ou Noel's en Grande-Bretagne, en substituant le flacon transparent et le petit sachet à la vente en vrac d'épices, ce qui facilitait leur distribution et

Senteurs enivrantes, superbes couleurs, matières veloutées et onctueuses, saveurs exquises s'ajoutent à leur exotisme pour faire des épices, enfin accessibles à tous depuis le début du siècle, des denrées à la magie toujours renouvelée. Épiciers grossistes ou détaillants rivalisent de créativité (à gauche, une huile aux épices, parfumée de cannelle, de cardamome verte, de macis, de cumin et de girofle, qui assaisonnera merveilleusement une salade), mais aussi de soins et de précautions (à droite, tri et conditionnement du macis à Amsterdam en 1925), pour offrir à leurs clients des produits toujours plus séduisants. L'emballage sert aussi d'écrin aux épices les plus rares, telles ces vanilles dans leur très belle boîte du début du siècle (ci-contre).

leur conservation, les remirent au goût du jour. En France, la maison Aussage, qui n'existe plus, lançait le célèbre petit sachet-serveur de poivre en carton, à section triangulaire, petite révolution dont nos grands-parents se souviennent toujours.
Sous cette forme, préemballées, et parfois même surgelées comme le poivre vert ou les baies roses, les épices sont aujourd'hui dans toutes les cuisines. Flux migratoires, « mondialisation », démocratisation du tourisme font qu'il n'est pas de grande ville sans épicerie ou restaurant « exotiques », ni de librairie sans livres de recettes antillaises, marocaines, indiennes ou chinoises. Mais les épices ne se dégustent pas seulement dans ces plats venus d'ailleurs. Renouant avec la féconde ouverture d'esprit des cuisiniers d'antan, et maîtrisant mieux qu'eux la délicate alchimie des arômes, de nombreux grands chefs — citons en France Alain Ducasse, Alain Senderens ou Olivier Rœllinger — inventent une sublime cuisine où produits du terroir et ancestrale tradition sont vivifiés par la poésie d'un ajout de saveurs lointaines. Le déjà légendaire « Petit homard aux épices » qu'Olivier Rœllinger vous sert à Cancale, dans la baie du Mont-Saint-Michel, symbolise à merveille la revanche des « espesses » du Moyen Âge : harmonieusement unies à l'air marin, à l'iode et aux embruns bretons, les épices de l'Inde ou de la Grenade caressent ici la chair du crustacé comme un vent du large parfumé ou un courant tropical. Vos papilles goûtent aux différentes saveurs de la planète qui, parce qu'elles s'aiment et s'unissent sans se confondre, vous offrent une sorte d'utopie. Vous voilà, grâce aux épices, réconciliés avec le monde.

En 1874, dans la revue *La Dernière mode*, Mallarmé, avant de reproduire la recette d'un curry de poulet au lait de coco que lui avait donnée un épicier du boulevard Haussmann, notait déjà le souci des cuisiniers français d'« acclimater chez nous les produits et les préparatifs de tout lieu du monde ». Première des épiceries fines parisiennes à répondre à ce souci, le Comptoir d'Épices et des Colonies avait été fondé en 1850, rue Notre-Dame-de-Lorette, par Ferdinand Hédiard (ci-dessus). En déménageant quatre ans plus tard place de la Madeleine, où elle existe toujours et propose un magnifique choix d'épices, la maison allait prendre son nom (ci-dessus, en vignette). Ci-contre, une épicerie Félix Potin, autre temple de la gourmandise, dans les années 1920.

COMESTIBLES
FÉLIX POTIN
Veau

En France, Maurice Marchand, de la maison Aussage, crée vers 1920 sa petite boîte triangulaire, inspirée de celle du chocolat Toblerone, qui sera bientôt munie d'un verseur (en haut, gamme d'épices Aussage, conservée par M. Marzorati au Musée de l'épicerie d'autrefois, à Lignerolles, dans l'Orne). Aux États-Unis, les maisons McCormick ou McNess (ci-dessus) proposent également des emballages permettant un emploi facile et une bonne conservation. Face à ces industriels, de prestigieux épiciers permettent toujours à leurs clients exigeants d'acheter leurs épices en vrac dans un état de fraîcheur incomparable. Tel est le cas de la maison Jacob Hooy, fondée il y a plus de deux siècles à Amsterdam (ci-contre) ou de la merveilleuse caverne d'Ali Baba qu'est la maison *Izraël* à Paris (double page suivante).

Cichorei
Succ.
Liquirit.
Folia
Piper
nigrum pulv.
Eikel-
koffie.
tarwe.
anisi
pulv.
kruidnagel

Browning
HEINZ
BARON
Marie Bl
NYONS
BASILIC
150F/kg
Sevillanes
78F/kg
Cassées
Citrons
68F/kg
NATURALI GRECHE
ΕΛΑΙΑΙ
FETA

MESSAGERIES MARITIMES
CHABERNAC
La Tradition
du bonbon à la gomme
ELAIA
ELAIA
DAR-VIDA
DAR-VIDA
Melba
DEFENSE DE FUMER
Havana Club
SAINT JAMES

Comte
LA COLLECTION
L'ELIXIR
DE
CARTHAGENE
PRODUIT DE FRANCE
Chantal Comte
ÉPICES NATURELLES

Grâce au bon vignoble qu'elle exploite dans son Château de la Tuilerie, près de Nîmes, Chantal Comte renouvelle le traditionnel vin aux épices en créant ses rafraîchissements « Elixirs » : ceux de « Carthagène » (ci-contre) aux épices naturelles se dégustent en apéritif ou au dessert ; le blanc s'accorde en outre au foie gras ou au roquefort... Quant aux irrésistibles délices aux fruits de la « fée des confitures », la pâtissière alsacienne Christine Ferber (ci-dessus), ils métamorphosent avec bonheur la tradition des condiments et des confitures. De haut en bas : confit de rhubarbe au gewurztraminer et au poivre, pour le saumon ou le roquefort par exemple ; confit de coings à l'orange et aux épices pour les gibiers ; confiture de poires williams à la vanille ; confiture de quetsches à la cannelle ; confiture de coings aux « épices de Nostradamus » (cannelle, cardamome, girofle et badiane).

LES ÉPICES REINES

Les épices sont peut-être une centaine à nous offrir leurs caresses ou leurs ardeurs. Mais seules une dizaine d'entre elles méritent le titre de « reines » car, à la différence des autres réservées à certaines cuisines, elles se sont imposées dans toutes les gastronomies de la planète. De la cannelle à la vanille en passant par le girofle ou le piment, on les aime sur tous les continents. Elles peuvent être aussi bien fleur ou graine, écorce ou fruit, rhizome ou noix, douces ou piquantes, subtilement amères ou divinement sucrées. Elles peuvent naître en Inde ou à La Grenade, en Chine ou en Guinée, en Turquie ou en France. Les rassemblent seulement sous le même vocable leurs exceptionnelles saveurs, leur origine végétale, le rôle qu'elles jouent dans l'aromatisation des plats. Et surtout la sensualité de leur univers, cette faculté qu'elles ont de nous surprendre, de nous émerveiller et de nous faire rêver. Sans elles, nos cuisines seraient fades, et sans « piment » nos vies s'écouleraient dans l'ennui. Avant de découvrir les quelques épices qui ont conquis le monde, et les mélanges qui les combinent en de nouvelles saveurs, sachez que chacune d'elles doit être soignée comme la plus précieuse des merveilles : bien conservée dans un récipient hermétique et aussi moulue, broyée, préparée au dernier moment si l'on veut en goûter toutes les splendeurs.

Les épices, tout d'abord, enchantent par la magie de leurs couleurs et de leurs parfums. C'est dans les souks d'Orient que promeneurs et gourmands éprouvent le plus intensément ce plaisir des sens, prélude à de futures délectations. Pourtant, toute la saveur des épices se délivrera mieux lorsqu'elles auront été conservées à l'abri de l'air et de la poussière. C'est ce qu'offrent les meilleurs épiceries fines d'aujourd'hui, à l'image de celle que les Londoniens viennent de découvrir dans un nouveau temple de la gourmandise créé par Terence Conran, *The Bluebird Store*. Les épices fraîches y sont soigneusement emballées dans de petites boîtes hermétiques (ci-contre). Pages suivantes : un foisonnement de bonnes épices pour une cuisine bien parfumée. Pages précédentes : petits sacs d'épices et vanille fraîche de Madagascar.

BLUEBIRD
Ground Cloves
Best Before End 1999
58g
Store Ltd 350 King's Road London SW3 5UU
BLUEBIRD
Curry
Powder
Coriander, Cumin, Salt, Paprika,
Cinnamon, Cloves, Colouring
66g
King's Road London SW3

La cannelle, écorce de paradis

Il y a trois ou quatre mille ans que la cannelle, à l'origine si mystérieuse et si lointaine, embaume le pourtour méditerranéen. Avant même d'enchanter les papilles, l'exquise et profonde douceur épicée de son parfum offrait aux Anciens des rêves de paradis : elle ne pouvait naître que dans un jardin extraordinaire, celui qu'évoque pour Salomon le corps de sa bien-aimée dans le *Cantique des cantiques*, un jardin sensuel où embaument « le nard et le safran, la casse et la cannelle ».

Un arôme fabuleux De la Méditerranée à la Chine, toutes les civilisations de l'Antiquité ont connu et aimé cette écorce d'un bel arbre qu'on appelle la cannelle. *Les* cannelles, devrait-on dire, car on distinguait déjà la cannelle « casse » de Chine — (*Cinnamomum obtusifolium*, var. *cassia*, la *kasia* des Grecs) — de la cannelle de Ceylan, plus fine et aromatique, que les Grecs appelaient *kinnamon* (*Cinnamomum zeylanicum*). Rare en Égypte avant les Ptolémées, la cannelle servit néanmoins de temps à autre aux embaumeurs et fut offerte aux dieux lors de fumigations.

Jusqu'au Moyen Âge, son origine demeura nimbée de mystère. Au Ve siècle avant J.-C., Hérodote se fourvoyait encore en rapportant qu'on la trouvait en Arabie, plus précisément dans un lac où demeuraient « des bêtes pourvues d'ailes, fort semblables à nos chauves-souris, qui poussent des cris effrayants et sont d'une force redoutable ; il faut protéger ses yeux contre leurs attaques pour pouvoir recueillir la cannelle ». Seuls les négociants eux-mêmes savaient sans doute que la douce écorce, transportée par les marins arabes puis les caravaniers des déserts, venait de la lointaine Asie.

Le chaleureux arôme délicatement poivré de la cannelle de Ceylan enchanta les cuisines du Moyen Âge. Les preux chevaliers de retour des Croisades en rapportaient dans leurs malles, et la confiaient à leurs valets afin qu'ils préparent ce vin revigorant que chanta plus tard Rabelais sous le nom d'hypocras. Outre ce délicieux cordial, qui contenait aussi du girofle, la gastronomie médiévale fleurait bon la cannelle. La France la vénérait, où les deux tiers des plats et des sauces des maîtres queux en contenaient. Après la découverte du Nouveau Monde, de son cacao et de sa vanille, les Espagnols de métropole et des colonies se régalèrent d'un chocolat d'Amérique et d'Asie, divinement parfumé à la cannelle, à la vanille et à l'anis. Il fit bientôt des adeptes dans toute l'Europe, abondamment ravitaillée en cannelle par les marchands de Venise.

Les jardins de cannelle Aujourd'hui comme hier, la meilleure écorce du monde vient toujours de Ceylan. Sur cette île splendide, si riche en traditions artistiques, en parfums de fleurs, d'épices et de thé, doit passer entre les moussons un souffle de paradis. Il caresse les jardins de cannelle, qu'on découvre surtout dans la partie méridionale de l'île, sur les basses terres bien ensoleillées des alentours de Galle et de Colombo. Durant la saison des pluies, entre mai et octobre, on voit des cueilleurs torse nu, en pagne madras et une hachette en main, se pencher entre des rangées de gros buissons feuillus d'un vert intense. Depuis qu'on l'élève et qu'on le cultive, le cannelier demeure ainsi à l'état d'arbuste, n'excédant pas la taille d'un homme. Pour couper ses nombreuses branches, on attend la saison des

La cannelle dispense sa douceur d'écorce tendre (ci-contre) depuis la plus haute Antiquité. Les Romains la tenaient pour un remède universel, susceptible de réchauffer le corps, d'aider à la digestion, de soigner aussi bien les troubles de la vue que les morsures de serpent. Ses propriétés stimulantes sont bien connues en Inde : « La cannelle détruit vos ennemis car elle vous donne la force, une force qui croît dans vos jambes et vos bras et le plus souvent votre bouche, jusqu'au jour ou vous criez "non" assez fort pour les effrayer », écrit Chitra Banerjee Divakaruni, dans son beau récit récemment publié à Londres et encore inédit en français, *The Mistress of spices*. Des vertus énergétiques autrefois appréciées aussi des collégiens d'Oxford, qui se préparaient avec art des toasts beurrés saupoudrés de cannelle lors du *tea time*.

pluies et l'apparition des jeunes feuilles, car c'est à ce moment où monte la sève que l'écorce se détache le plus facilement et que s'y fixent les composés aromatiques les plus intenses. Certains cueilleurs portent alors sur l'épaule des fagots de longues et fines branches de moins de deux centimètres de diamètre, dont la couleur évoque déjà celle de la cannelle, vers les abris où se déroule la métamorphose.

Souvent, il ne s'agit que d'une grande hutte en palmier tressé. Le travail que l'on peut alors observer offre un voyage dans le temps : gestes, outils, senteurs, rien n'a changé ici depuis deux mille ans. Assis à même le sol devant des amas de branches, des hommes commencent par les écorcer en les incisant. L'écorce de surface, épaisse et peu aromatique, est enlevée. Sous elle, contre le bois, se trouve une écorce plus fine et plus claire, où l'huile essentielle s'est concentrée. On la défait de la même manière, puis on la met à sécher dans l'abri sur des claies durant vingt-quatre heures. Elle est ensuite disposée sur un petit cylindre en bois et grattée, à l'aide d'un couteau à lame courbe, afin d'en retirer le liège. Ce travail achevé, son épaisseur n'excède pas un millimètre. Coupée en segments d'environ trente centimètres et mise à sécher à nouveau durant deux jours, elle s'enroule peu à peu sur elle-même, prenant ainsi sa forme caractéristique de mince rouleau à double volute. Il ne reste plus qu'à sélectionner quatre ou cinq rouleaux de tailles variables et à les emboîter les uns dans les autres afin donner un beau bâton de cannelle, bien dense et merveilleusement aromatique. Toutes ces opérations ont laissé des débris et des brisures d'écorce, qui serviront à la préparation de cannelle en poudre.

En Occident la cannelle n'a plus le succès qu'elle avait au Moyen Âge, et on la réserve trop souvent à quelques desserts sucrés tels que le riz au lait, les compotes, les gâteaux aux pommes, ou le pain perdu, dont on saupoudre les tranches dorées de notre chère épice, et à certaines boissons aromatisées comme la sangria en Espagne. Mais lorsqu'il parle de la cannelle de son merveilleux pain d'épices, il suffit de voir s'illuminer les yeux gourmands d'André Lerch, le chaleureux pâtissier alsacien qui enchante les Parisiens depuis plus de quarante ans, pour s'assurer qu'elle sera toujours aimée : sur cinq cents grammes d'épices mélangées préparées pour son « pain épicier », quatre cents sont une belle cannelle de Ceylan fraîchement moulue spécialement pour lui. Son pain d'épices est avant tout un pain de cannelle au miel, parfumé aussi d'un peu de girofle, de muscade et d'anis. C'est aussi la cannelle qui réchauffe ses divines tartes aux quetsches ou aux pommes, elle qui aussi, dans son Alsace natale amoureuse des épices, enrichit le boudin noir d'une stimulante douceur.

De nombreuses gastronomies profitent ainsi, dans des plats salés, de l'arôme à la fois doux et intense de la cannelle. On l'adore au Maroc, où elle illu-

Des deux sortes de cannelles — celle de Ceylan, fine et aromatique, et celle originaire de Chine (voir aussi page 49), appelée « casse », plus piquante —, les Européens préfèrent la première et les Américains et les Chinois la deuxième. Mais l'Europe médiévale usait des deux, car on y appréciait aussi les fleurs de la cannelle casse, préalablement séchées, qui ressemblent à un gros clou de girofle, dispensent une très douce saveur et ne se trouvent plus guère aujourd'hui qu'en Chine. Contrairement à la casse, récoltée sur des canneliers âgés d'au moins une dizaine d'années (ci-dessus, à Sumatra), la cannelle de Ceylan provient d'arbustes sans cesse taillés pour éviter leur croissance (ci-contre, au début du siècle). Après la récolte, les fines écorces seront mises à sécher.

789

mine volontiers les plats de poissons comme les truites aux dattes, les tajines de mouton ou d'agneau. Dans la préparation du couscous, on en met un bâton dans le bouillon. Mais elle règne surtout grâce aux merveilleuses pastillas, ces irrésistibles et délicats feuilletés sucrés le plus souvent emplis de pigeon et d'amandes, où elle dessine sur la pâte de beaux croisillons. En Asie, elle parfume des riz qui atténuent le piment des viandes. En Inde, elle participe aussi à de nombreux *masalas*, ces mélanges d'épices qu'on appelle « currys » en Occident, et notamment le *garam masala* dont nous reparlerons. Currys de légumes ou de viande profitent ainsi de sa suavité, tout comme de nombreux *chutneys*, ces condiments acidulés à base de légumes ou de fruits épicés, confits dans du citron ou du vinaigre sucré : *chutneys* de mangue ou de coing peuvent fleurer bon la cannelle, et adoucir tous les plats de riz ou de viandes grillées. La cannelle de Chine, ou « casse », très courante aux États-Unis, entre également dans la composition du célèbre mélange chinois « cinq épices » (ou « cinq parfums »), qui aromatise si délicatement les volailles. La cannelle de Ceylan, bien plus douce et subtile, fait merveille mariée au thé, au chocolat et au café. Tout le fruité des grands crus d'Arabicas se révèle ainsi admirablement lorsque, au lieu d'y laisser fondre un morceau de sucre très mauvais pour sa ligne, on tourne dans sa tasse un peu d'écorce fraîchement moulue qui vient d'y tomber en pluie...

Le chocolat a rencontré la cannelle dès son arrivée en Espagne, au XVIe siècle, et ne l'a plus jamais quittée... Tous les grands chocolatiers aiment marier leurs saveurs (à gauche, tablette du Lyonnais Bernachon, avec à l'extrême droite, un « Castillo » découpé de Bernard Dufoux, dessert au pralin où s'harmonisent, entre autres délices, cannelle, orange et citron confits, angélique...). Depuis la nuit des temps en Chine, depuis le XVe siècle en Europe, la cannelle parfume aussi le traditionnel pain d'épices composé en outre de girofle, de badiane ou d'anis, parfois de gingembre, de coriandre ou de vanille (à droite, mélange spécial pour pain d'épices). Une version plus douce, parfumée seulement d'anis est une spécialité dijonnaise (ci-contre un pain d'épices de la maison Mulot et Petitjean).

MULOT
&
PETITJE

La cardamome, graine précieuse

La graine de cardamome est la seule épice qui vous est livrée naturellement scellée dans une enveloppe, le fruit séché qui la contient : cette distinction symbolise à merveille le caractère précieux et délicat de cette menue graine brune, retenue avec une dizaine d'autres dans un petit fruit oblong de un à deux centimètres. Avec la vanille et le safran, la cardamome est l'épice la plus chère. Mais aussi la plus tendre aux papilles de toutes les épices relevées. La mettre en bouche provoque une suite de belles émotions : on la suçote d'abord pour mieux goûter le velouté de sa texture et le sucré qui l'enrobe, on la croque ensuite pour délivrer la généreuse palette de ses sublimes flaveurs, qui font danser ensemble le citronné, le camphré, la bergamote. Et cet extraordinaire composé demeure « long en bouche », comme s'il voulait longtemps vous faire rêver des monts des Cardamomes où tout a commencé.

LES MONTS DES CARDAMOMES C'est dans des montagnes boisées qu'on appelle parfois « monts des Cardamomes », entre 500 et 1000 mètres d'altitude, là où les pluies de mousson se font plus fraîches, qu'on a vraisemblablement cueilli et goûté pour la première fois les petites graines de l'*Elettaria cardamomum*. Ces montagnes dominent la plaine du Kerala et la côte de Malabar au sud-ouest de l'Inde, autrement dit la région du monde la mieux épicée (et de plus en plus visitée par des touristes émerveillés). On peut s'y promener en longeant les sentiers qui les parcourent, serpentant à l'ombre de grands arbres tropicaux où nichent des oiseaux chanteurs. Dans ces clairs-obscurs rayés de lances de lumière, dans les parfums de fleurs et de mousses, des massifs de longues feuilles vertes et scintillantes dressées sur de hautes tiges signalent un trésor. À leur base, en effet, s'épanouissent de splendides grappes de fleurs à pétales mauves et blanc rosé, ainsi que des fruits ressemblant à de petites olives brillantes. Voici la meilleure cardamome du monde, à l'état sauvage ou cultivée à partir de rhizomes. Les fruits peuvent être cueillis d'août jusqu'en avril, par des mains très précautionneuses et au ciseau, pour ne pas blesser le reste de la plante. Cette tâche est souvent confiée aux femmes, qui doivent cueillir juste au bon moment, quand le fruit vert commence à tirer vers le jaune. Placés dans des petits seaux, les fruits sont réunis dans de grands sacs de jute, puis portés au centre de traitement.

Lavés puis mis à sécher doucement au soleil ou dans des séchoirs à faible température, les fruits commencent à embaumer, tandis qu'ils prennent leur apparence de capsules vert pâle, striées et légèrement bosselées, que nous leur connaissons. La bonne cardamome se reconnaît à ses capsules bien closes, d'un vert parfois ambré mais en aucun cas grisâtre. C'est ainsi, sous forme de petit fruit entier, qu'elle est la plupart du temps commercialisée : l'enveloppe du fruit est la garantie de fraîcheur et d'authenticité des petites graines qu'elle contient, et que le consommateur devra délivrer d'un coup d'ongle ou de ciseaux. Avant de piler ou de moudre les graines, ce qui est indispensable, il est recommandé de les torréfier légèrement dans une poêle : elles délivreront davantage d'arôme. On appelle cette cardamome, la plus courante, la « cardamome verte ». D'autres fruits sont blanchis au lait de chaux pour donner la « cardamome blanche », que

La bonne cardamome verte exige un tri très soigneux (en haut, en Inde) : dans nos cuisines, avant d'être libérées, ses petites graines brunes à la fois douces, un peu amères et poivrées, doivent se trouver en effet hermétiquement closes dans leur capsule (en bas). Dans la cuisine indienne, où elle règne dans de nombreux mélanges d'épices, on l'utilise aussi entière, sans ouvrir la capsule, pour parfumer l'eau de cuisson du riz, par exemple. Puissamment parfumée, la cardamome est une épice idéale pour donner du relief à la cuisine diététique : dans sa *Grande cuisine allégée*, le chef André Gaüzère propose une savoureuse et revigorante charlotte d'agneau à la cardamome, ne dispensant pas plus de 255 calories...

certains jugent plus élégante, mais dont les graines ont les mêmes apparence et saveur que la verte. Plus rare en Occident, une troisième cardamome, la « cardamome noire », est appréciée en Inde et en Indonésie pour ses arômes boisés, fumés, qui évoquent le champignon : de la taille d'une noix, son fruit, d'une autre variété de cardamome originaire de Chine, est de couleur brun foncé. Notons qu'on trouve aussi chez les épiciers de la cardamome moulue, déconseillée car rapidement éventée si elle n'est pas très bien conservée.

CARDAMOME ET CAFÉ Pour tous ceux qui aiment voyager en Orient, l'exceptionnelle fragrance de la cardamome évoque irrésistiblement la cuisine indienne — dont elle est l'un des piliers — et le café de nombreux pays arabes, en particulier l'Égypte, qu'elle aromatise généreusement. En Inde, elle entre une fois moulue dans la composition de nombreux mélanges d'épices, ou *masalas*. On la trouve également en capsule entière parfumant les riz et les plats de viande. Elle est l'âme du renversant *kulfi*, glace qui l'unit délicieusement à la pistache. On la sert enfin en graines, après le dessert, accompagnant dans une petite coupelle de la noix d'arec (le fruit de l'aréquier, dont on tire le cachou), des graines d'anis et de fenouil, des pépins de fruits et des cristaux de sucre, dans ce raffiné digestif et purificateur d'haleine qu'on appelle le *pan masala*. La cardamome efface en effet radicalement tous les souvenirs de table gênants, celui de l'ail en particulier.
Très tôt transportée en boutres des côtes indiennes au golfe Persique, notre cardamome verte a conquis le Moyen-Orient il y a plus de deux mille ans. Elle se trouve dans tous les mélanges d'épices des cuisines libanaise, syrienne, égyptienne, aromatisant les plats de viandes ou de poissons. Mais ici, au Moyen Orient, c'est dans le café qu'elle est reine : « Une seule cuillerée de café moulu magnifié par le parfum de la cardamome, mise à flot, lentement, dans les frissonnements de l'eau chaude », chante le poète Mahmoud Darwich, dans *Une Mémoire pour l'oubli*, à propos de son « café turc ». En Égypte comme au Liban, on ajoute de la cardamome (elle vient ici du Guatemala) moulue dans l'eau au moment de la préparation, ou l'on achète du café déjà aromatisé. Chez les Bédouins, la tradition veut qu'on insère une capsule de cardamome ouverte dans le bec de la cafetière avant de verser la liqueur. Au Yémen, elle aromatise avec le gingembre la boisson traditionnelle, le *qishr*, une décoction du fruit du caféier. Ainsi existe-t-il depuis des siècles un accord parfait entre cardamome et café, un mariage d'amour fait d'une harmonie de saveurs fruitées et d'une complémentarité entre l'amer et le doux.
En Europe, seuls les Anglo-Saxons et les Scandinaves réservèrent à la cardamome un accueil chaleureux. Chez ces derniers, elle parfume généreusement les biscuits et surtout de nombreux pains briochés, de toutes tailles, qu'autrefois les mères de famille préparaient une fois par semaine et qu'on savoure toujours au goûter. Les Suédois sont toujours aujourd'hui les plus gros consommateurs de cardamome en Europe, sans doute en partie parce que l'épice entre volontiers dans la composition de leurs *aquavit*. Le soir de Noël, une fois finement concassée, elle décore et parfume également la mousse d'un cocktail, le *mumma*, composé de bière brune, de porto, de vodka et de limonade, qu'on prépare à la maison et qu'on déguste avec le hareng ou le saumon. En France, les grands chefs savent aujourd'hui en exalter les arômes, à l'image d'Alain Passard qui, dans son restaurant parisien *L'Arpège*, vous enchante au dessert avec un très simple mais sublime sorbet au café à la cardamome, accompagné d'une glace à la vanille. Trois goûts pour une ode au plaisir pur.

Depuis peu, la cardamome a conquis chocolatiers et pâtissiers. Le grand pâtissier Pierre Hermé, par exemple, en parfume certains de ses desserts au café ou à l'orange. Semblable par le goût à la cardamome verte, la cardamome blanche (ci-contre) n'est que de la verte blanchie artificiellement : en Inde, on la trouve ainsi plus belle. La cardamome noire, en revanche (ci-dessus), provient d'une autre variété d'origine chinoise. Son parfum plus camphré et fumé la réserve aux mets forts et salés, comme les gibiers.

Le clou de girofle, bouton des îles

Le girofle est le parfum de l'Indonésie. Les deux premières sensations fortes qu'éprouve le voyageur en posant le pied sur cet archipel sont la touffeur de l'air tropical et son entêtant parfum de girofle. Car tout près de lui, à coup sûr, un Indonésien fume une *kretek*, cigarette de tabac brun mêlé à une bonne dose de clous de girofle broyés. Tout au long de son voyage dans les îles, ce parfum sucré de fruits rouges et d'œillets poivrés ne le quittera plus. S'il l'aime, il devra s'arrêter sur l'île d'Amboine, dans l'archipel des Moluques, berceau historique mondial du girofle.

De l'arbre au clou Vue de loin, l'île mère du girofle ressemble encore à une île de pirates, avec sa végétation luxuriante et son relief mouvementé, ses cocotiers bordant ses criques sableuses. Mais dans l'île, on s'aperçoit bien vite combien les Amboinais aiment et soignent leur terre, et combien ils sont fiers de leurs girofliers. Ils vous invitent en souriant à pénétrer dans la plantation, certains déjà que vous serez fasciné par la beauté des arbres et l'extraordinaire parfum qui en émane. L'élégance du giroflier surprend tous les voyageurs. Haut d'une dizaine de mètres, l'*Eugenia caryophyllata* déploie un magnifique feuillage d'un vert luisant et scintillant dans la lumière, formant une pyramide mouvante autour d'un tronc gris clair. Ces feuilles gracieuses exsudent une huile merveilleusement aromatique qui fait de la plantation un paradis de senteurs, plus odorant encore durant les mois de floraison. Celle-ci n'ira pas à son terme : les petites fleurs à quatre pétales blancs du giroflier voient rarement le jour, car c'est en bouton qu'elles embaument le plus intensément et qu'on les cueille : c'est ce bouton de fleur qui deviendra le « clou ». La première qualité du cueilleur est sa vue : dans ce grand arbre, seuls les boutons en cours de maturité, juste au moment où ils commencent à rosir et bien avant qu'ils ne s'ouvrent, doivent être récoltés. Un ou deux jours plus tard, le bouton aura perdu une partie de son essence aromatique. La cueillette se pratique à la main. Femmes et enfants se chargent des fleurs les plus basses tandis que les hommes montent dans l'arbre, ou utilisent de longues perches en bambou, pour détacher les fleurs les plus hautes.

Ainsi cueilli, le bouton frais et rose a la forme du « clou » : une pointe, formée par le tube du calice, calice dont les quatre sépales enserrent la tête — la petite masse ronde des quatre pétales refermés sur les étamines et le pistil. Mais ce bouton est encore tenu par son pédoncule, et le premier travail, long et minutieux, consiste à le détacher à la main. Les boutons sont ensuite disposés sur des nattes, puis mis à sécher au soleil durant trois jours. Le travail est semblable sur l'île de Zanzibar, où le girofle a été introduit en 1818 et qui est

Contenu dans son huile essentielle, le principe aromatique du clou de girofle est si merveilleusement puissant qu'on ne le trouve pas seulement dans les meilleures cuisines du monde : de nos jours, de nombreux parfums, tels *L'Air du temps* de Nina Ricci ou *Armani pour Homme*, contiennent quelques gouttes de cette huile prodigieuse, souvent mélangée à de l'ilang-ilang afin de donner une tonalité florale d'œillet, à la fois fraîche et sensuelle. Mais dans les plantations embaumées d'Indonésie (ci-dessus), de La Grenade (ci-contre), de Zanzibar ou d'Inde, tout commence par un soin minutieux porté à la cueillette, à l'« épluchage » et au tri (page suivante) de ce bouton de fleur qui, pour notre plus grand plaisir, ne s'ouvrira jamais. Une fois séché, le girofle viendra « clouter » un oignon pour aromatiser le traditionnel pot-au-feu (p.79).

aujourd'hui, avec sa petite sœur Pemba, le premier producteur mondial. Ou sur l'île de Penang, en Malaisie, ou encore les îles des Comores, autres producteurs où, grâce au soin de la cueillette et du séchage, les clous atteignent souvent une qualité exceptionnelle.

L'HUILE PRODIGIEUSE Depuis toujours, le clou de girofle a été utilisé à des fins purifiantes ou antiseptiques : son huile essentielle, qui l'imprègne, et le constituant principal de celle-ci, l'eugénol, possèdent des vertus antibactérienne, antifongique et analgésique reconnues et encore aujourd'hui utilisées par les dentistes. Mais le clou et son huile prodigieuse enrichissent avant tout d'une saveur piquante, amère et fruitée, de nombreux plats ou préparations traditionnels, aussi bien en Orient qu'en Occident. Parce qu'il se marie très bien aux autres épices fortes comme le gingembre, le poivre ou la cardamome, *masalas* indiens et mélanges d'épices chinois en contiennent toujours. En Inde, il relève la saveur des chiques de bétel, à base de feuilles d'une variété de poivrier et de fragments de noix d'arec, sorte de chewing gum stimulant mastiqué des heures durant. Sous nos latitudes, les clous rehaussent les saveurs d'un court-bouillon ou d'une marinade, d'un pot-au-feu (fichés dans un oignon), d'un jambon qu'on « boutonne », d'une choucroute ou de cette irrésistible potée alsacienne aux trois viandes, cuite dans le four du boulanger, le *baëckeofe*. On les retrouve en Scandinavie, relevant les harengs marinés et le pâté de tête qu'on déguste traditionnellement à Noël. Côté desserts et friandises sucrées, le girofle réchauffe souvent les desserts aux pommes.

Dans son déjà classique *Spices, Salt and Aromatics in the English Kitchen* (1970), la grande spécialiste de la cuisine anglaise, Elizabeth David, déconseille l'emploi, pourtant habituel, du clou entier dans l'*apple pie*, « dont il gâche le goût ». En revanche, en poudre, les clous sont « indispensables dans les *Christmas puddings*, le *mincemeat* et les *hot cross buns* ». Un amoureux du girofle, le grand chef Roger Vergé, suggère d'en râper un peu au-dessus d'un jus de citron ou d'orange. Le relief de saveurs ainsi obtenu procure un bonheur parfait. Le girofle peut être utilisé moulu, ou râpé, comme on le voit, mais il convient impérativement de l'acheter entier, car sa mouture s'évente rapidement. Les clous doivent être conservés à part, à température ambiante, dans un récipient hermétique et à l'abri de la lumière. Il arrive de trouver dans le commerce des clous qui ont trop mûri sur l'arbre et trop séché, perdant ainsi une bonne part de leurs qualités : vérifiez que la pointe du clou est brun rosé, que sa tête y adhère fermement, et qu'un soupçon d'huile suinte quand vous le griffez d'un coup d'ongle. Lorsque toutes ces conditions sont réunies, et qu'une journée d'hiver vous a transi les os et peutêtre l'âme, jetez-en quelques-uns dans un vin chaud — un petit bandol par exemple, qui s'associe bien à toutes les épices relevées —, avec un soupçon de cannelle, pour revivre enfin.

Devenu « clou » (ci-dessus) après son séchage, le girofle peut enfin délivrer ses bienfaits. Le voici hérissant toute une orange pour confectionner une « pomme d'ambre » qui parfumera délicatement une armoire et son linge, ou parachèvera la composition d'un pot-pourri original (ci-contre, pomme d'ambre, élément d'un « bouquet de senteurs » chez le fleuriste *Les Mille Feuilles*). Au Moyen Âge, on portait de telles « pommes » sur soi, comme la reine Elizabeth d'Angleterre, pour se prémunir contre la peste... L'orange (ou le citron) et le girofle s'harmonisent aussi parfaitement au palais, par exemple dans des oranges confites aux épices (ci-contre, en bocal), qui pourront accompagner canard, porc ou gibier.

Le cumin et le carvi, soleils des deux hémisphères

Certains jours d'hiver, quand à ma fenêtre les toits de Paris et le ciel s'unissent dans un même triste gris, il me suffit de humer une bonne pincée de cumin fraîchement moulu pour me transporter instantanément au Khan el-Khalili, le grand souk du Caire. Bien avant d'arriver dans ce quartier entourant la mosquée al-Azhar, les effluves du *kamoun* embaument et dominent tous les autres, annonçant la magie du souk avec sa profusion multicolore d'épices. Respirer l'arôme du carvi, si proche de celui du cumin qu'on les confond souvent, réchauffe le cœur tout autant. Les deux épices sont cousines, et nous les avons donc réunies ici.

Du Maroc à l'Inde Le cumin, l'épice reine de l'Orient méditerranéen, aime se gorger de soleil. Il est le petit fruit d'une plante d'environ trente centimètres de hauteur, le *Cuminum cyminum*, alignant ses fleurs rose pâle en gracieuses ombelles sur des tiges frêles ondoyant aux vents tièdes. Sa mer préférée est la Méditerranée, tout autour de laquelle on le cultive, du Maroc à l'Égypte et de la Syrie à l'Espagne. Mais il règne aussi sous les cieux ensoleillés de l'Iran ou de l'Inde. Chaque été, les petites fleurs fanent et tombent, laissant place à des bouquets de graines qu'on laisse un peu mûrir avant de couper leurs tiges. Après les avoir fait sécher quelques jours, on secoue un peu les bouquets pour faire tomber les graines, qui seront ensuite longuement tamisées et triées. Mesurant environ cinq millimètres, elles sont généralement brun-vert, plus rarement beige clair ou presque noires, et toujours striées de profonds sillons.

Puissant et chaud, à peine piquant, nettement anisé et citronné, le cumin dispense généreusement ses saveurs depuis plusieurs millénaires, puisqu'il était d'usage courant chez les Égyptiens et les Assyriens. Cette familiarité du cumin aux papilles antiques se perdit dans l'Occident médiéval, sauf dans les régions méridionales où il était cultivé dans les jardins. En Europe du Nord et de l'Est, il survécut néanmoins vaillamment dans certains pains aromatisés. Les délicieux *bagels*, ces petits pains ronds et tendres qui furent une spécialité juive d'Europe centrale avant d'envahir les États-Unis, sont souvent parsemés de petites graines brunes, tout comme en Alsace les bretzels, les flûtes ou les croissants salés...

En revanche, du Maroc à l'Inde, le cumin embaume généreusement chacune des meilleures gastronomies. Au Maroc, une fois moulu, il parfume souvent les tajines et entre dans la composition du *M'hammer*, une sauce rouge traditionnelle assez douce où l'on fait mijoter viandes ou poulet. On le retrouve au

Dans les ruines de l'échoppe d'un marchand du XIIIe siècle avant notre ère, à Mycènes, une tablette d'argile retrouvée par les archéologues présentait une liste d'aromates, dont le cumin. Très courant en Orient, la chaleur du cumin (ci-contre) accompagne volontiers chez nous une salade de pommes de terre ou des légumes sautés -courgettes, chou fleur ou choux de Bruxelles. Les Troisgros ont la bonne idée d'en parfumer leurs côtes de veau, avec une pointe de harissa... Quant au carvi (ci-dessus), sa légère saveur anisée et fruitée, qui adoucit traditionnellement le munster et quelques charcuteries, fait merveille aussi dans le sucré : à Saint-Rémy-de-Provence, le chocolatier Joël Durand a créé la recette d'un exquis chocolat chaud à la poudre de carvi.

Maghreb dans la brûlante harissa accompagnant parfois les couscous, puis en Égypte, où il domine tous les mélanges d'épices assaisonnant les plats. Dans la merveilleuse cuisine syrienne, il participe à la traditionnelle sauce aux noix, cumin et jus de grenade accompagnant viandes et légumes. Comme au Liban, il relève bon nombre de succulents *mezze*, feuilles de chou farcies ou *falafels* par exemple, qui sont le trésor gastronomique de cette région. Plus au nord, le voici trônant dans toutes les cuisines de Turquie, où il est indispensable à de nombreuses *köfte* (boulettes de viande épicées). Puis, passant par l'Iran où il enchante le riz sucré ou le riz au chou vert, le voici enfin sur sa terre d'élection, l'Inde. Ici, il est l'une des bases des mélanges d'épices, et naturellement du plus courant d'entre eux, le *garam masala*, utilisé aussi bien dans les currys que les plats cuits à la flamme dans le traditionnel four en terre, le *tandoor*. Dans cette sublime cuisine indienne, le cumin (ici souvent de couleur noire) fait également partie des épices qu'on peut légèrement griller avant usage, afin d'épanouir toutes ses potentialités aromatiques. Une habitude d'ailleurs hautement recommandable dans toute recette, indienne ou non, surtout si l'on doit moudre le cumin. Le cumin est aussi, avec le piment, l'épice préférée des Mexicains, qui l'utilisent pour parfumer de nombreux mets. Il donne toute sa saveur par exemple à cette sauce très populaire, l'*encebollado*, un ragoût d'oignon à la tomate, à la coriandre fraîche et au cumin qui accompagne les viandes ou le riz.

LE CARVI, SOLEIL DU NORD Cousin botanique du cumin, le carvi (*Carum carvi*) est cultivé aux Pays-Bas, en Europe centrale et en Inde. On confond souvent cette petite graine avec le cumin, alors qu'elle semble en bouche moins longue, plus douce et légèrement citronnée. Plus petite aussi, on la reconnaît surtout à sa couleur, presque noire, et à sa forme arquée. On dit souvent que le cumin est une épice des pays chauds, et le carvi des pays froids. Ce serait tout à fait vrai si le carvi ne se retrouvait pas aussi dans les cuisines nord-africaines et indiennes, parfumant parfois la harissa et les *masala*. Mais il est exact que le carvi réchauffe surtout de sa pointe anisée de nombreux mets des pays d'Europe du Nord. Le pain tout d'abord, que ce soit le *soda bread* irlandais ou de nombreux pains de seigle allemands dont le *pumpernickel*. Les charcuteries nordiques, ensuite, et particulièrement en Scandinavie, les plats de chou dont la choucroute. Les fromages aussi, et en premier lieu le gouda et le munster (qu'on croit souvent à tort « au cumin »), qu'il relève et adoucit en même temps. Quelques graines saupoudrées de carvi apportent de même leur note chaude au merveilleux fromage frais fumé qu'adorent les Danois, le *Fynsk rygeost*. Sans carvi, il manquerait pour certains un petit quelque chose aux pains d'épices et à une multitude de biscuits sucrés ou salés. Et pour mieux digérer tout cela, il n'y aurait pas, enfin, le si délectable alcool de céréales qu'on appelle improprement *kümmel* (« cumin » en allemand), qui lui doit toute sa saveur fruitée.

Tout comme le carvi, le genièvre (ci-dessus), petite baie brune au goût acidulé et à la senteur de pin évoquant naturellement le gin qui en est issu, parfume agréablement, dans les pays du Nord et en Alsace, la choucroute, les charcuteries et les pâtés. Il doit être légèrement écrasé avant usage. Proches également du cumin et du carvi, les graines bleu-noir de pavot (ci-contre) se retrouvent comme eux parsemant nombre de pains, notamment dans la gastronomie d'Europe centrale (en vignette, pains au cumin et au pavot). Ici, des graines de pavot moulues agrémentent aussi de leur saveur de noisette des pâtisseries. Très dures, on a conçu pour elles en Allemagne des moulins spéciaux.

Le gingembre, racine du plaisir

Le gingembre est la seule épice dans laquelle on puisse croquer. Comme dans une pomme... En son état le plus pur et le plus délicieusement brûlant, en effet, l'épice qui fit se damner tous les gourmets et débauchés du Moyen Âge se présente comme un tubercule baroque, aux protubérances multiples qu'on appelle parfois des « doigts », et à la peau rugueuse couleur lin métallisé. De ce bizarre rhizome d'une plante d'origine asiatique, le *Zingiber officinalis*, rien n'empêche de trancher une fine rondelle quelque peu fibreuse dont l'amateur de sensations fortes laissera fondre sur la langue le piquant subtilement camphré, le poivre citronné. En espérant peut-être qu'il stimulera d'autres plaisirs...

EN LA VIEILLESSE ÉVEILLE AMOUR... Que le mot *gingembre* provienne, après quelques détours par le persan et le grec, du mot sanskrit *çringavera* (« en forme de corne ») dit assez à quel point le tubercule et son usage sont connus depuis l'aube de l'Histoire. Plusieurs siècles avant notre ère, le thé qu'on buvait en Chine était issu d'une décoction de feuilles de thé écrasées et de gingembre. Très courant en Asie, il commença à se répandre en Occident au Ier siècle après J.-C. Il fallut néanmoins attendre le Moyen Âge et les Croisades pour le voir s'imposer partout en Europe. En réalité, ce fut un véritable triomphe, puisqu'il supplanta le poivre et devint l'épice la plus utilisée dans les cuisines. Divinement aigre et réchauffant, nul plat digne des bonnes tables qui n'en contienne alors abondamment, et notamment les brouets, les civets et les soupes épaisses qu'on appelait « porées ». Certes, il coûtait moins cher que le poivre, et offrait un piquant tout aussi délicieux. Mais il arrivait aussi précédé par la réputation d'être, davantage qu'un simple stimulant, un puissant aphrodisiaque. Vers le XIIe siècle, les savants arabes et juifs de la prestigieuse école de médecine de Salerne s'accordaient sur cette propriété, évoquée dans un traité sous la forme d'un joli quatrain : *Au froid de l'estomac, des reins et du poumon / Le gingembre brûlant s'oppose avec raison / Éteint la soif, ranime, excite le cerveau /En la vieillesse éveille amour jeune et nouveau.*

UNE CATHÉDRALE GOURMANDE À la fin du XIIIe siècle, les Européens surent précisément d'où venait le gingembre en lisant le *Livre des merveilles* de Marco Polo, où le rhizome surgit souvent au détour d'une route chinoise ou indienne. Cette géographie paraît beaucoup plus complexe aujourd'hui, car il est cultivé dans quasiment toutes les régions tropicales du monde, aussi bien en Chine qu'en Jamaïque, en Inde qu'au Nigeria, à Ceylan qu'en Sierra Leone. Il n'exige rien d'autre, en effet, qu'une terre fertile, du soleil, une permanente tiédeur, beaucoup d'eau... et des soins abondants durant toute sa croissance. Plantés en ligne avant les pluies, des éclats de rhizome de la précédente récolte se développeront durant six à dix mois. Il faudra sarcler fréquemment le champ, et limiter la pousse de la partie aérienne de la plante, pour laisser croître à loisir le précieux rhizome. Quelques semaines avant la récolte, un champ de gingembre n'est pas très engageant : la plante se présente en effet comme un roseau dressé de plus d'un mètre, abondamment garni de feuilles aussi longues et effilées qu'une lame de sabre. Le

Le gingembre, savoureux rhizome (en haut à gauche et en bas à droite, avec sa râpe japonaise en bois) relève de son piquant poivré un grand nombre de préparations dans toutes les gastronomies. À l'hôtel Crillon, à Paris, Christian Constant en illuminait son « croustillant de ris de veau aux écrevisses ». Plus simplement, le gingembre peut donner une touche exotique au pot au feu ou au bœuf bourguignon, tout comme aux salades ou compotes de fruits. De la même famille, le galanga (rhizome en haut à droite, fruit en bas à gauche), ajoute à la cuisine asiatique ses notes à la fois brûlantes et acidulées : coupé en tranche et séché, on le retrouve souvent, avec la citronnelle, dans les merveilleuses soupes thaïlandaises. Double page suivante : le séchage du gingembre au Kerala (Inde).

plus souvent, la récolte a lieu dès que ces feuilles commencent à faner. Les rhizomes sont déterrés à la fourche, très prudemment pour éviter de les blesser. Portés au centre de traitement, ils connaissent plusieurs jours de soins minutieux. Ils sont d'abord triés, lavés à l'eau bouillante, puis disposés sur des nattes et mis à sécher au soleil durant trois ou quatre jours.
Ainsi naît le gingembre le plus courant, qu'on appelle aussi « gingembre frais ». Mais depuis toujours les gourmets savent varier les plaisirs à l'infini, et pour eux existe encore le gingembre séché, vendu souvent moulu, préparé avec des rhizomes qu'on a laissés mûrir plus longtemps (neuf ou dix mois) avant de les récolter. S'il dégage moins d'arôme que le frais, il distille dans les plats une saveur nettement plus piquante et voilà pourquoi il entre dans la composition des mélanges d'épices indiens les plus relevés.
Outre les mélanges, il existe de plus nobles manières de déguster toute la richesse du plus savoureux des tubercules. Avant tout, si vous le consommez frais, choisissez-le bien ferme et à peau certes irrégulière, mais surtout pas fripée, fanée. Pour le découvrir, épluchez quelques centimètres et râpez-les sur une salade, par exemple, qu'elle soit verte en vinaigrette ou de fruits et sucrée. L'alerte acidulé du gingembre exalte aussi bien le salé que le sucré, en effet. Aussi bien le canard pour changer des oranges ou des navets, par exemple, qu'une confiture ou une compote, pour les relever. Tous les fruits s'entendent avec le gingembre, et notamment la banane, l'ananas et le melon. Dans les sauces ou les plats mijotés, on ajoute quelques morceaux de gingembre au préalable écrasés au pilon ou sous une lame de couteau. On retire ces morceaux avant de servir. On peut aussi, pour une sauce ou une vinaigrette, exprimer le suc du gingembre dans un presse-ail. Confit dans du sirop pour le premier, ou cuit dans du sirop puis roulé dans le sucre pour le deuxième, « gingembre confit » et « gingembre cristallisé », tous deux en petits morceaux, offrent depuis des lustres des friandises au fort tempérament, très piquantes et légèrement amères, qui secouent admirablement la dépression d'une trop longue après-midi. Les Britanniques, très experts en l'art de meubler agréablement les heures creuses, ont d'ailleurs bâti autour du gingembre une cathédrale gourmande dont les principaux piliers sont le *ginger bread*, pain d'épices où le gingembre domine et qu'on grignote à l'heure du thé, de nombreux biscuits, de multiples tartes et gâteaux, des confitures, sans oublier les chewing-gum ni toute une déclinaison d'alcools dont la célèbre bière au gingembre, *ginger ale*, qui fait au palais une saisissante impression. Les Chinois sont aussi très amoureux du gingembre, en particulier lorsqu'il est confit au sirop. Quant aux Japonais, ils ont pour lui des attentions tendres, le râpant sur une très jolie petite râpe en bois. La plupart des adeptes de poisson cru au riz (le *sushi*) ne sauraient l'apprécier sans *wasabi*, une sorte de raifort, mais non plus sans *gari*, un émincé de gingembre mariné dans du vinaigre sucré, de couleur rose chair, servi à part et qu'on savoure entre deux bouchées. Moins brûlant et fibreux que le gingembre frais courant, le doux *gari* est préparé à partir d'un tubercule très jeune et non séché.

Les Japonais vénèrent le gingembre le plus tendre et le plus rose, sous la forme du très doux *gari* (ci-dessus) ; en Chine, le voici confit dans du sirop de sucre en une friandise fondante ; en Grande-Bretagne, une fois séché et moulu, il aromatise un grand nombre de boissons, de gateaux, de biscuits (page ci-contre, le gingembre en tous ses états, dont les biscuits biologiques de la marque Duchy, créée par le Prince de Galles en 1990 et dont le produit de la vente est destiné à la protection de l'environnement). L'historienne de la gourmandise Elizabeth David, dans un excellent livre sur les épices dans la cuisine anglaise, rappelle aussi l'heureuse tradition du melon au gingembre, celui-ci « contrecarrant la sensation de froid donnée par le melon ».

La muscade, noix charmeuse

Pour se faire aimer, il suffirait à la noix de muscade de dispenser son si doux parfum de menthe et de bergamote et sa délicate saveur chaude, agréablement amère et citronnée. Tout cela, déjà, goûté par exemple grâce au discret support d'une purée de pommes de terre bien crémeuse (par exemple à la Robuchon, avec des rattes et beaucoup de beurre) provoque une sorte d'extase. Mais la noix charmeuse use aussi d'une arme secrète : une substance qu'on dit hallucinogène et aphrodisiaque à forte dose, dont les très toxiques pilules d'« ecstasy », dites parfois « pilules de l'amour », contiennent une quantité colossale. Certes, une pincée de noix râpée n'en délivre qu'une trace infime, sans aucun effet toxique. Il n'empêche : une fois goûtée la muscade, on ne peut plus s'en passer...

LA NOIX ET LE MACIS La muscade s'épanouit aujourd'hui dans plusieurs îles indonésiennes, en Inde, à Ceylan et surtout à La Grenade où elle est devenue si essentielle à l'économie qu'elle orne le drapeau national. Dans les îles Banda, où on la cultive depuis toujours, la dure histoire coloniale n'a pas été oubliée : une danse traditionnelle y commémore cette page douloureuse, certains danseurs costumés en officiers portugais ou hollandais mimant quelques atrocités... Ici les muscadiers sont partout, beaux arbres d'une dizaine de mètres de hauteur, au feuillage dense d'un beau vert à reflets dorés, en permanence ornés de fleurs et de fruits. Les petites fleurs jaune ou vert pâles embaument. Et les fruits, de la taille d'une petite pomme, passent du vert au jaune ivoire. Une fois mûrs, ils s'ouvrent en deux et laissent apparaître la merveille des merveilles : un noyau brun comme emmailloté dans une membrane d'un rouge profond, sorte de résille à larges mailles, qu'on appelle « arille » ou « macis ». Aux îles Banda, comme dans les meilleures plantations du monde, on évite de laisser tomber à terre ces fruits mûrs, ce qui risquerait d'endommager le macis. Alors, trois fois par an, les cueilleurs récoltent les fruits à l'aide d'un *gai gai*, la traditionnelle longue gaule en bambou munie d'une petite nasse à son extrémité, pouvant en contenir une dizaine, qu'ils vident ensuite dans un panier d'osier porté en bandoulière.

Un peu plus loin, sous un auvent longeant une grande bâtisse blanche, un groupe de femmes et d'hommes assis à même le sol s'affairent autour des noix déjà extraites du fruit. Ici le travail consiste à séparer très soigneusement le noyau du macis, à l'aide d'un couteau. Le macis est placé sur un vaste plateau rond en osier, où il sera mis à sécher au soleil durant quelques jours, passant peu à peu du rouge au brun orangé. Il sera commercialisé tel quel, ou plus tard broyé et vendu en poudre. De ces filaments secs émane un arôme plus riche que

Il n'est pas de plus beau fruit que celui du muscadier, surtout une fois ouvert... (ci-dessus). Le rouge macis entourant le noyau est délicatement prélevé (page ci-contre, en Indonésie, et page suivante à La Grenade). L'amande du noyau, qu'on appelle « noix de muscade », est une épice délicate, à la saveur une peu piquante et noisetée. Pour en goûter toute la subtilité, on pourra savourer, comme Colette qui les évoquent dans *L'Étoile Vesper*, « de fondants jambonneaux de cochon cuits en pot-au-feu (...) mouillés de leur bouillon qui fleurait un peu le céleri, un peu la noix muscade ». Quant au macis (p.95), à la saveur plus profonde encore, on suivra le conseil du regretté épicier Paul Corcellet, qui en parsemait avec bonheur de simples petits pois frais...

Macis

celui de la noix, et légèrement boisé, tandis qu'au palais domine une note citronnée plus acidulée et profonde. Le noyau, quant à lui, est mis à sécher sur des claies durant une semaine environ. Dès que son amande — la noix — bouge à l'intérieur quand on le secoue, sa coquille est cassée au maillet de bois. Autrefois, les Hollandais passaient les amandes au lait de chaux avant de les exporter, afin de les empêcher de germer et de remettre en cause leur monopole. La coutume est restée, et les noix subissent encore ce bain, qui les éclaircit sensiblement. On les met ensuite à sécher durant deux ou trois semaines avant de les trier par taille et de les commercialiser.

Presque tous les mets, salés et sucrés, reçoivent avec bonheur une pincée de muscade ou quelques fins éclats de macis. Outre ses flaveurs plus profondes, ce dernier est souvent préféré à la noix par les cuisiniers car il modifie moins la couleur de certaines préparations, les sauces blanches notamment. Mais râper sa muscade sur une purée de pommes de terre, des épinards ou une sauce béchamel — qui demeurent en Occident les grands classiques muscadés — réserve toujours des moments de bonheur. Un simple soufflé au fromage, qui pourrait sembler pâle sans elle, y puise une vigueur et un relief qui le transfigurent. Et cette métamorphose se produit aussi bien, d'un seul coup de râpe, avec les potages de légumes, comme si rien qu'une infime pincée, une trace, délivrait dans les plats toute la richesse aromatique des îles lointaines. Une richesse qu'on retrouve aussi bien enchantant de simples œufs au plat. La saveur d'agrumes et de menthe s'épanouit à merveille également, en complète harmonie, sur des fruits, une salade d'oranges ou une mousse au chocolat. Toulouse-Lautrec, lui, ne se séparait jamais d'une noix et d'une petite râpe, afin d'aromatiser le porto qu'il aimait sans modération. Car la muscade s'entend bien avec les vins et les alcools. On l'ajoutait volontiers, autrefois, au vin chaud ou à la bière. Et les meilleurs barmen, comme le très estimé Bertrand Merlette de l'hôtel Raphaël à Paris, en ajoutent toujours une pincée dans leur alexandra, cocktail à base de lait ou de crème fraîche, de cognac et de poudre de cacao.

Au-delà des mers, macis et muscade entrent souvent dans la composition des mélanges d'épices orientaux. Quel que soit le plat, usez toujours d'une noix entière, que vous râperez sur une râpe fine ou dans un petit moulin spécialement conçu pour elle : la muscade vendue en poudre, en effet, s'évente rapidement et peut être fraudée. De la même manière, le macis entier vaut mieux que le moulu : difficile à râper, il suffit de le broyer dans un petit mortier. Enfin, si vous pouvez choisir, préférez les noix les plus grosses, autrement dit les plus mûres et les plus goûteuses. *Le Ménagier de Paris* le disait déjà au XIVe siècle : « Les noix muguectes les plus pesans sont les meilleurs. »

La muscade (ci-dessus, l'amande en sa coque brisée) fut autrefois en Europe si populaire qu'il n'était pas rare qu'on porte sur soi sa petite râpe (page ci-contre, une râpe ancienne). Certaines furent en argent, notamment en Angleterre où les nécessaires de voyage — comme le rappelle la collectionneuse américaine Elizabeth B. Miles dans un charmant petit livre — comprenaient toujours « couteau, fourchette, cuillère, boîte à épices et râpe à muscade ». En Asie, on ne se contente pas de déguster de la muscade en poudre : l'huile de muscade, qu'on prépare aussi en baume, puissant antiseptique et stomachique, est un médicament courant qui, en usage externe tout comme l'huile de girofle, soulage de nombreux maux (double page suivante).

REGISTERED
TRADE MARK
SAILING BOAT
PURE NUTMEG O
INDICATION
STOMACHACHE · ASTHMA · COUGH & GASTRITIS
EXTERNAL USE : TO RELIEVE ALL SORTS OF SPRAINS
CRAMPS · RHEUMATISM · ITCHNESS
BAGO · ARTHRITIS.
DIRECTION : TO BE TAKEN 2 TO 3 DROPS IN
WARM WATER OR TEA. 3 TIMES
APPLICATION : 3 TIMES DAILY BY RUBBING SLOWLY
TO THE EFFECTED PART.
Product of : Soon Seng Company
No. 6, CHOWRASTA MARKET,
PENANG, MALAYSIA.
TRADE MARK
PENANG
NUTMEG BALM
SOLE AGENT: SOON SENG CO.,
No. 6, Chowrasta Market, Penang.
Malaysia.

MINYAK BUAH PALA
Untuk Kegunaan Luar:
Untuk Dimakan:
MINYAK BUNGA CENGKIH P.PINANG
槟城
正庄丁香油
PENANG
CLOVE OIL
CAP
跑馬
KUDA LUMBA
商標
BUATAN MALAYSIA
KANDUNGAN
MINIMA
30 ml
DIPERBUAT OLEH:
順成公司
SYARIKAT SOON SENG
6, PASAR CHOWRASTA, JALAN PINANG, P. PINANG,
MALAYSIA. TEL 362597
BAHAN-BAHAN: MINYAK BUNGA CHENGKAH SAHAJA
G BALM
SHIN HUAT

Piments, chilis et paprikas

L'une des plus splendides images que l'on puisse contempler en voyageant, au détour d'un chemin du Mexique, d'Inde, de Chine ou de Hongrie, est une maison de paysan aux murs tout ornés de grappes de fruits d'un rouge intense, brillants et effilés : du piment qui sèche au soleil. En France, c'est au Pays basque que l'on peut admirer ce spectacle. Il est le royaume du « piment d'Espelette ». Aux alentours de ce petit village niché dans les vallons de l'arrière-pays, on produit un exceptionnel piment fruité depuis quatre siècles. Il relève la garbure, divine potée au chou et au confit d'oie, tout comme le si fondant jambon de Bayonne fermier.

LA FÊTE DU PIMENT D'ESPELETTE Tous les ans, dans le village d'Espelette, le dernier dimanche d'octobre après la messe, les Chevaliers de la Confrérie du Piment d'Espelette, réunis autour de leur grand maître devant le château médiéval, intronisent leurs nouveaux membres. La solennité de la cérémonie est soulignée par le costume des chevaliers : coiffés de leur traditionnel béret basque, ils portent un magnifique costume vert bouteille, sur lequel se détache un grand collier couleur bordeaux. Depuis la veille au soir, Espelette est en fête : un bal et une partie de pelote au fronton ont eu lieu pour célébrer la nouvelle récolte de piment. Et ce dimanche, toutes les rues du village, où des milliers de visiteurs se pressent entre les étals des producteurs, sont décorées de piments encordés.

Au-delà du folklore, le magnifique et délicieux piment rouge d'Espelette est le fruit d'une extraordinaire passion. Celle d'une trentaine de producteurs réunis sur le territoire de huit communes, héritiers d'une tradition et bien décidés à la défendre. Car si leur piment est un *Capsicum annuum* comme tous les piments doux, le leur possède une forme droite et régulière et développe un parfum fruité, sucré, unique au monde. Affaire de terroir, de sol légèrement acide, de tiède vent du sud qui prolonge l'été jusqu'au début novembre, de pluies fréquentes venues des montagnes proches.

Le travail commence en mars, avec le semis de graines sur une couche chaude d'humus et de fumier. Après la germination, les plantules sont repiquées dans des mottes où elles grandissent durant deux mois. Elles sont ensuite transplantées dans le champ. Les premiers piments mûrs, d'une dizaine de centimètres de long, à moitié rouges seulement, apparaissent à la mi-août. La récolte, entièrement manuelle, peut alors commencer. Elle s'étalera durant dix semaines, jusqu'aux premiers froids. À la ferme, les piments sont triés à la main : tous les blessés, les fendus, les nécrosés, sont éliminés. Certains sont aussitôt commercialisés frais, en vrac. D'autres sont mis en corde pour être vendus en belles grappes rouges, ou mis à sécher sur la façade blanche de la maison, qu'ils recouvrent presque entièrement. Chaque corde regroupe au moins une vingtaine de piments. Elle transfigure une façade mais peut aussi bien illuminer magnifiquement une cuisine : tandis que la corde sèche peu à peu et que la maturation se poursuit, on y prélève de temps à autre un fruit, qu'on découpe en fines lamelles, par exemple, pour les déposer dans une sauce en fin de cuisson ou les éparpiller sur une salade... Mais dans les exploitations d'Espelette, les cordes, après avoir séché durant deux mois au soleil, sont

Dans *Paul et Virginie*, Bernardin de Saint-Pierre évoqua ces piments « dont les gousses couleur de sang sont plus éclatantes que le corail »... Voici, en effet, la plus rayonnante des épices, ici encordée et fièrement exhibée par un ancien et excellent producteur de piment d'Espelette, Xan Nobliat (page ci-contre). Dans ce petit village du Pays basque et ses alentours, on produit un piment doux d'une telle qualité qu'il vient d'obtenir, tel un cru des meilleurs vignobles, le label « Appellation d'Origine Contrôlée ». Outre ses usages traditionnels au Pays basque, on peut goûter tout le fruité de ce petit soleil, le plus souvent vendu en poudre, avec toutes les viandes blanches, les poissons et les légumes que l'on voudrait pimenter avec délicatesse.

ensuite passées au four à pain pour une déshydratation plus poussée : les piments seront ensuite broyés pour être commercialisés en une poudre épaisse d'un éclatant orangé. Dans nos plats, c'est une pincée de soleil.

LE PIMENT À LA CONQUÊTE DU MONDE Au Pays basque, tout a commencé au XVIe siècle, lorsqu'un Espagnol a rapporté du Nouveau Monde quelques graines ou plants de piment. Car ce dernier est né en Amérique et aux Antilles, où Christophe Colomb le découvrit dès 1493, précisément à Hispaniola. Un peu plus tard, Cortès et ses hommes pensèrent s'enflammer en buvant pour la première fois le chocolat des Aztèques, fortement pimenté. On appelait ici ce petit fruit rouge brûlant le *chili*, nom qu'on utilise encore souvent pour désigner la famille des petits piments très forts des pays chauds (*Capsicum frutescens*). Des fouilles archéologiques ont montré qu'on le consommait au Mexique depuis neuf mille ans... Ici, du courant piment vert frais et oblong *serrano* au rouge foncé et séché *ancho*, en passant par le vert et brûlant *habañero*, dont on fait une « *salsa* » verte très populaire, ou par le doux et le très fruité *pasado*, ils sont plus d'une centaine à relever les assaisonnements, dont celui du *guacamole*, des plats de haricots, des ragoûts dont le très ancien *mole poblano*, plat de volaille au chocolat et au piment remontant peut-être aux Mayas. Il se prépare avec trois piments différents, l'*ancho*, le plus piquant *mulato* et le très fort et presque noir *pasilla*... Entier, le *pasilla*, qui mesure une quinzaine de centimètres, est souvent dégusté farci de viande de bœuf, de poivrons émincés, de coriandre fraîche et d'oignon.

On dévore du piment au Mexique depuis 9000 ans... Ils sont ici plus d'une centaine plus ou moins brûlants, de toutes les couleurs, de toutes les formes, accompagnant la cuisson d'un nombre considérable de plats, ou seulement leur dégustation sous forme de sauce posée sur la table. Certaines sauces pimentées sont préparées spécialement pour certains plats, comme le porc aux haricots qu'on assaisonne d'un mélange très salé de piment vert fort et de tomate, ou tous les barbecues et les viandes sèches qu'on relève de la *salsa borracha* (sauce ivre), qui comprend du piment vert assez fort (le *serrano*), de l'ail, de l'oignon, du fromage, du jus fermenté d'agave (le *pulque*) et de l'huile d'olive...

Mais l'usage le plus courant des piments au Mexique se fait sous forme de *salsa*, autrement dit de sauce piquante. Pas de table, chez soi ou au restaurant, où bol ou petite bouteille de sauce ne soit posé, entre le sel et le poivre. Verte ou rouge selon la variété du piment utilisé, comprenant aussi, selon les recettes, de la tomate, de l'ail, de la coriandre ou des oignons, la *salsa* apporte quotidiennement aux hors-d'œuvre et aux viandes sa touche de feu.

Rapporté d'Amérique en même temps que le chocolat, le piment commença au XVIe siècle sa triomphale conquête du monde. En Espagne, on fête toujours en Galice la récolte du minuscule et doux piment vert appelé *pimiento del Padrón*, qu'on déguste volontiers frit. Le Pays basque espagnol offre sa revigorante morue à la biscayenne, dont la sauce palpite de la présence d'une douzaine de *choriceros*, un piment doux et sec qui relève aussi le célèbre *chorizo*. La Catalogne produit les *ñoras*, piments ronds et rouges qu'on retrouve dans la sauce aux amandes et à l'ail qui assaisonne les salades. Partout, on aime les viandes et les poissons grillés accompagnés de petits piments macérés dans le vinaigre, ou de la sauce *romescu* à base de piments *romesco*, d'amandes et de pignons. Les piments doux relèvent aussi la traditionnelle soupe à l'ail, les *migas* à base de mie de pain, le *gaspacho* de la Manche ou la paella valencienne.

Peu à peu le piment gagna la Grèce et la Turquie, et devint, lors de son occupation par les Turcs, l'une des grandes spécialités gastronomiques de la Hongrie, patrie d'une variété particulière de *Capsicum annuum*, le doux paprika. Ce piment bien rouge, toujours consommé en poudre, est ici l'épice nationale.

Membre, tout comme le piment d'Espelette, de la famille des piments doux, le tout rond et rouge *ñora* (ou niora) est un piment d'Espagne que l'on trouve aussi au Maghreb. Il donne du piquant aux salades et à de nombreuses préparations de poissons. Autre délicieux piment fruité d'Espagne, apprécié au Pays basque — notamment à Bilbao —, le long piment rouge *piquillo*, d'une exquise douceur, qui relève traditionnellement la morue à la biscayenne. On le sert aussi en salade, cuit et en lamelle avec un peu d'ail, ou entier, farci de crevettes et de béchamel puis doré à feu doux. Double page suivante, un florilège de piments : parmi des piments et des masalas, quelques mélanges américains tout prêts pour la cuisine " tex mex " et une sauce jamaïcaine traditionnelle.

PURE, GROUND CHILE PEPPERS
NO ADDITIVES OR PRESERVATIVES
Hot Chile
JANE BUTEL'S

Grace
TRADITIONAL JAMAICAN
CRUSHED PEPPER
SAUCE
PRODUCT OF JAMAICA
D.L.Jardine's
PUREE DE PIMENTS ROUGES
EXTRA-FORTE

Seuls les Hongrois peuvent hésiter entre les seize paprikas différents, selon qu'ils viennent des environs de Széged ou de ceux de Kalocsa, dans le sud du pays. Ces deux « crus » se déclinent en effet chacun en huit degrés, du « non piquant » utilisé surtout pour sa couleur au très brûlant « piquant », en passant par le plus courant, l'« extra-doux ». Réduits en poudre après avoir été séchés au soleil ou au four, ces paprikas relèvent et colorent généreusement toute la cuisine hongroise, et notamment les soupes qu'on aime voir rougir comme des jeunes filles. C'est par cuillerées entières d'« extra-doux » qu'on assaisonne aussi le *goulasch*, les pommes de terre, les ragoûts, les plats de légumes, les viandes et les poissons, les fromages de brebis...

Portugais et Arabes introduisirent en Afrique des variétés bien plus torrides, qui donnèrent enfin du goût aux bouillies de manioc. Le piment d'Afrique le plus connu demeure l'infernal pili-pili, répandu dans de nombreux pays, notamment le Sénégal et la Guinée. Pilé avec de la pulpe de tomate et des grains de courge, il est la base des rougails et de nombreuses sauces pour les plats de semoule ou de viandes. Au Maghreb, c'est un piment du même genre qu'on retrouve avec l'ail dans la harissa, et au Maroc dans certains tajines.
L'Asie, quant à elle, fut conquise très tôt par le piment, répandu ici aussi dès le XVIe siècle par les colons et les voyageurs européens et arabes. En Inde, le très piquant *Capsicum frutescens* règne en maître absolu : les Indiens l'aiment tant que peu d'entre eux admettent son origine étrangère, et que sa production domine largement celle de toutes les autres épices. Il est l'ingrédient essentiel des *chutneys*, des *masalas* et naturellement des préparations de *chilli* en poudre qu'on trouve dans le commerce, qui contiennent du piment fort et du piment doux, mais aussi un peu de cumin, de girofle, de marjolaine et d'ail. Cet explosif en poudre, qu'on trouve dans toute l'Asie, est nettement plus brûlant que son homologue mexicain. Après la cuisine indienne, suivirent celles d'Indonésie — dont le piment *lombok* est l'un des plus « extrêmes » au monde — et de Thaïlande, deux pays où l'on aime le riz frit pimenté. En Chine, c'est dans la province du Sichuan que le piment est une véritable idole, à laquelle on sacrifie à tous les repas, c'est-à-dire trois fois par jour : dès le petit déjeuner, on déguste ici un bol de nouilles saupoudrées de piment fort pour bien se réveiller. Ce plat traditionnel est synonyme de longévité. Aussi, lorsque le grand écrivain contestataire Pa Kin fêta son quatre-vingt-quatorzième anniversaire, en novembre 1997, les Chinois, habitués à lire entre les lignes de la presse officielle, comprirent que le vieil homme avait encore du

Dans les cuisines africaines, asiatiques et antillaises, on aime le piment bien brûlant (ci-dessus, piments verts d'Asie et « bonda a Man Jacques » des Antilles). Frais, séchés, mixés ou en poudre, on les retrouve dans une multitude de mélanges d'épices servant à la cuisson des repas, ou de condiments pour les accompagner, tels les *sambals* en Indonésie (purée de piments parfois aillée et citronée), les pâtes de curry en Thaïlande, la harissa au Maghreb... Très souvent encore, à la maison, les piments — tout comme de nombreuses épices — sont broyés au mortier, en bois ou en pierre (page ci-contre, un mortier mexicain en pierre).

ressort intellectuel et politique en y découvrant qu'il avait ce jour-là « mangé des nouilles pimentées »... Mais dans cette province, le piment n'accompagne pas que les nouilles. Il est partout, extrêmement virulent, souvent dans des sauces mêlé à du poivre du Sichuan, du gingembre, des oignons et de l'ail. Aux États-Unis, et particulièrement au Texas, la proximité du Mexique a très tôt favorisé la consommation de piment et la création d'une cuisine « tex-mex ». Son chef-d'œuvre est le célèbre *chili con carne*, un ragoût de bœuf aux haricots bien relevés à l'aide de divers piments, déjà apprécié par les *cow-boys* à la fin du XIXe siècle. Les *chilli powders* sont ici nombreuses, et leurs recettes, en général assez douces, jalousement gardées par leurs fabricants. Nettement plus relevés sont les délices pimentés des Antilles, où cette conquête du monde par le piment s'acheva où elle avait commencé. Dans ce berceau du *Capsicum*, la langue créole a dressé la plus poétique des listes des différents piments, où figurent par exemple le mince et très corsé « z'ozio » (appelé aussi « piment oiseau » ou « langue d'oiseau »), le long « z'indien », le bien rond et rebondi et très brûlant « bonda a Man Jacques » (« fesses de Madame Jacques »), le « piment-cerise » et le « piment lampion »... Tous ces piquants délices relèvent aussi bien le boudin que les acras (beignets de légumes ou de viande), et naturellement les caris, équivalent pimenté des currys indiens, qui se préparent avec un mélange d'épices, la poudre à Colombo. La Guyane et les Antilles sont aussi l'origine de ce qu'on appelle le « piment de Cayenne » (et parfois même « poivre de Cayenne »), en réalité plusieurs piments enragés de diverses origines, aujourd'hui le plus souvent vendus en poudre.

Chez un néophyte, l'usage du piment fort en cuisine, on le sait, demeure une expérience hautement risquée. Le conseil le plus judicieux qu'on puisse donner à cet égard se résume en un seul mot : la prudence. Mieux vaut être déçu par un mets un peu fade que de devoir jeter un plat immangeable. Sachez donc tout d'abord que frais ou secs, les piments doivent être ouverts, épépinés et si possible démembranés avant usage. Il est conseillé de faire ce travail sous un filet d'eau froide, afin d'éviter de trop imprégner sa peau des brûlants alcaloïdes du piment. D'autre part, un piment frais entier mijotant dans un plat le « chauffera » moins que s'il était préalablement haché. Néanmoins, si votre plat vous semble trop relevé, vous pouvez tenter de l'adoucir en y incorporant de l'amidon, sous forme de pomme de terre, de pain ou de riz par exemple. Ces derniers, contrairement à l'inefficace verre d'eau, peuvent aussi modérer la sensation de brûlure après une bouchée ardente. En tout état de cause, chez vos hôtes tamouls ou sichuanais, tentez de garder le sourire...

Le plus courant des paprikas hongrois (page ci-contre) est aux antipodes de ces piments brûlants ou « enragés » (ci-dessus) qui, une fois moulus, donnent ce qu'on appelle parfois le « poivre de Cayenne ». Légèrement sucré et amer, le paprika dans sa version douce est indispensable au goulash. Mais il peut agréablement relever bien d'autres mets : Paul Bocuse en fait rougeoyer sa légère mousse de truite, et Alain Senderens le conseille dans une très diététique salade de chou rouge cuit... Le paprika connait aussi des versions fortes, qu'évoque Paul Morand dans *Ouvert la nuit* : « Une chaleur épaisse s'oubliait au feu des mets au paprika, qui trouait les joues et ne s'apaisait qu'avec un petit vin blanc de Presbourg »... Double page suivante : en Hongrie, les piments séchés sont réduits en poudre fine pour donner le paprika.

RULON
EGES

Quatre épices en une, le piment de la Jamaïque

Cette drôle de baie brune et parcheminée, un peu plus grosse qu'un grain de poivre, personne n'a jamais su vraiment la baptiser. Comme elle ressemblait au poivre, c'est ainsi que certains la nommèrent. Mais d'autres préférèrent l'appeler « piment ». On précisa « de la Jamaïque », car c'était sur cette île surtout qu'elle poussait. Cependant, comme ses arômes rappelaient plusieurs autres épices, les Anglais de la Jamaïque se décidèrent à l'appeler *allspice*, le « tout-épice ». Les Français optèrent alors pour « quatre-épices », du nom de ce traditionnel mélange d'épices pour les terrines et les ragoûts dont elle avait la saveur. Certaines maisons l'appellent toujours ainsi, alors que d'autres sont revenues finalement au bon vieux « piment de la Jamaïque ». Et les Jamaïcains d'aujourd'hui ? Ils l'appellent *pimento*.

Les bouquets de pimento La Jamaïque est l'une des îles les plus parfumées au monde. Promenez-vous sur les hauteurs des Blue Mountains où croît le meilleur café qui soit, et respirez l'arôme de jasmin des fleurs de caféiers. Sur le chemin du retour, un peu plus bas sur les coteaux qui dominent la mer, vous êtes surpris par un puissant parfum de girofle. Du girofle à la Jamaïque ? Vous entendez au loin quelques notes de reggae. En vous approchant, ce parfum giroflé, où se mêlent maintenant une douceur de cannelle et des effluves plus fleuris, devient plus dense. Et soudain vous vous trouvez dans une plantation d'arbres magnifiques au tronc lisse et clair et à l'imposant feuillage tout piqueté de petites fleurs blanches. La musique s'élève d'un poste de radio. De jeunes cueilleurs, perchés dans les arbres, sectionnent des extrémités de branches ornées de bouquets de grains verts ressemblant à des petits pois et les laissent tomber au sol. Non loin, dans une clairière, un groupe de femmes et d'enfants sont assis au pied d'un arbre autour d'un monceau de branchages, dont ils ôtent méticuleusement les grains verts — le *pimento* — avant de les placer dans un grand sac en toile. Tout comme les fleurs une senteur exquise, ils dégagent un puissant parfum de girofle, qui s'accroît encore si vous les triturez entre vos doigts.
Les *pimentos* sont stockés durant quelques jours dans leurs sacs, le temps de « transpirer » un peu. Puis ils sont mis à sécher cinq à dix jours au soleil sur de larges plates-formes ; constamment brassés au râteau, ils prennent leur coloration brune et perdent la moitié de leur poids. Après un criblage qui permettra d'éliminer brindilles et débris divers, les *pimentos* sont prêts à être commercialisés, tels quels ou en poudre.

Un fumet de paradis Si l'on secoue un *pimento*, surtout parmi les plus gros, on entend s'entrechoquer les deux petits graines qu'il contient, semblables à de minuscules grains de café. Au moment de moudre ou de piler la baie entière (chez soi et au dernier moment, comme il convient), ces graines assez fades adouciront le délicieux piquant de l'enveloppe, pour mieux faire ressortir un très subtil alliage de saveurs : celle du girofle domine largement, suivie par celle du poivre et, plus lointaines et d'une acuité variable selon les récoltes ou les origines (quelques piments viennent du Mexique et d'autres pays d'Amérique centrale), par celles d'un souffle

Étrangement peu connu en France, le piment de la Jamaïque (page ci-contre) est courant en Grande-Bretagne, en Europe du nord et aux Antilles. On y aime son puissant arôme, fait d'un subtil alliage de girofle, de poivre, de cannelle et de muscade. Une fois moulu (après l'avoir éventuellement un peu concassé car sa taille n'est pas très adaptée aux moulins à poivre), il dispense généreusement cette riche saveur sur tous les plats qu'on aime généralement poivrer. Les Indiens Arawaks de Xamayca (Jamaïque) furent les premiers gourmets à utiliser massivement cette épice, dont ils parfumaient le feu boucanant leurs viandes. Cette tradition est restée dans l'île, avec le *jerk pork*, bien épicé et cuit à la braise.

de cannelle et d'une touche de muscade. Voilà pourquoi, réunissant quatre épices cardinales au lieu d'en affirmer une cinquième, notre humble *pimento* n'a pas trouvé de nom propre et s'est souvent contenté de sobriquets.

Notre baie triomphe néanmoins sur un point : malgré de nombreuses tentatives, nul ne put jamais la déraciner de sa chère Amérique. Des plants furent expédiés en Inde, à Ceylan, en Malaisie et même en Australie : très mystérieusement, les arbres poussèrent, les fleurs embaumèrent, mais aucun fruit ne vint. Ainsi le *pimento* demeure, parmi les reines, la seule épice à ne croître que dans un seul continent. Portée par les Anglais, sa saveur si complète, en revanche, a gagné de nombreuses tables au-delà des océans, à l'exception notable et très énigmatique de celles de l'Europe du Sud, dont les françaises. Elle est courante en Grande-Bretagne et en Irlande : « Dans la cuisine anglaise, — écrit Elizabeth David dans *Spices, Salt and Aromatics in the English Kitchen* — on l'utilise principalement pour aromatiser les marinades, et les *pickling mixtures* pour les harengs marinés, le bœuf salé et autres préparations de ce genre. » Le piment de la Jamaïque relève aussi (avec le sucre de canne et le genièvre) le traditionnel « bœuf à la ficelle » irlandais, ou de nombreux entremets, des puddings et des biscuits. On l'adore en Scandinavie avec le hareng et les marinades de poisson, les boulettes de viande, les pâtés de foie et cette drôle de morue séchée, devenue gélatineuse à force d'avoir mariné dans l'eau (durant 48 heures), que l'on nappe d'une sorte de béchamel au piment de la Jamaïque. En Allemagne, on le marie avec les viandes et les poissons froids. C'est avec la discrétion qui le caractérise qu'il paraît en France sur la pointe des pieds, dans le mélange à la fois piquant et fruité appelé « cinq baies » (ou « cinq poivres »), où il figure en compagnie de baies roses et de trois différents poivres. Et dans deux liqueurs bénies des dieux car concoctées en pieux alambics, la Bénédictine et la Chartreuse.

Mais la France est aussi aux Antilles, à la Guadeloupe et en Martinique, et là notre baie est à la fête de la cuisine des îles, aromatisant les poissons, crustacés et boudins. En Jamaïque enfin, sa terre natale, le *pimento* s'exprime avec bonne humeur et liberté. Épice populaire, il accompagne des plats quotidiens comme du poulet en sauce, ou plus festifs tels le poisson sauté aux épices — où l'on retrouve aussi de l'authentique piment — et surtout le traditionnel *jerk pork*, véritable ode au *pimento* : c'est en plein air que l'on cuit à la braise de bois de *pimento*, et après les avoir recouvertes de feuilles du même arbre, des pièces de porc macérées dans les épices, dont notre baie bien sûr, mais aussi de la cannelle et des piments. Le fumet qui s'élève alors, et que la brise marine emporte vers le ciel bleu, vous transporte au paradis.

En France, à cause du mélange de quatre saveurs qu'il évoque, on appelle parfois le piment de la Jamaïque le « quatre épices ». Ce qui conduit à le confondre avec le véritable mélange d'épices moulues, traditionnel dans la cuisine française, qui porte ce nom depuis des siècles. Parfumant les terrines, les ragoûts et les potages, l'authentique « quatre épices » est composé de poivre noir, de muscade, de clous de girofle et de gingembre.

Le poivre,
saveur ardente

Le grand naturaliste Pline s'étonnait, dans son *Histoire naturelle*, de l'extraordinaire engouement de ses contemporains pour le poivre : « Il est surprenant que son usage ait rencontré tant de faveur. Dans les autres aliments, c'est leur douceur qui captive, tantôt c'est leur aspect qui séduit ; mais lui, ni son fruit ni sa baie n'ont rien qui les recommande. Dire qu'il ne plaît que par son amertume, et qu'on va le chercher dans l'Inde ! » Pourquoi, en effet, s'entichait-on du *poivré* ? N'était-ce qu'un snobisme de patricien ? L'histoire a montré le contraire. Sans doute parce que l'amour de nos papilles pour le doux, la caresse voluptueuse, ne saurait s'accomplir sans une fréquentation du fort, du contact ardent. Les deux sensations s'appellent et se complètent : sans poivre ni piment, pas de plaisir gourmand total.

LES VENDANGES DU POIVRE Rien n'a changé depuis des siècles sur la côte du sud-ouest de l'Inde appelée Malabar ou « Côte du poivre », excepté la rationalisation d'une production qui doit répondre à la très forte demande mondiale. En Inde comme au Brésil, en Indonésie comme en Malaisie, on voit s'aligner de hauts tuteurs en bois, ou des arbres bien vivants, plantés spécialement pour que s'y enroule comme un lierre épais la liane du *Piper nigrum*. Les arbres ne doivent pas être trop feuillus pour laisser au soleil le soin de mûrir les petites grappes, et peuvent être des cocotiers, des jacquiers ou autres merveilles des tropiques.
Ainsi, au petit jour, au Kerala, les cueilleurs entrent dans les poivrières, un panier d'osier à l'épaule. Chacun reçoit sa grande échelle en bambou. Autour du tronc des cocotiers, la liane

Le poivre pousse en fines grappes sur une liane grimpante (ci-dessus, en 1930, poivriers à Bornéo, dans l'État malais du Sarawak qui donne l'un des meilleurs poivres du monde, et grappe sur le point d'être cueillie). Si le poivre est chez nous l'épice la plus courante, il est d'irrésistibles délices poivrés auxquels on ne songe pas souvent. Le chef Roger Vergé, par exemple, dans son livre *Les fruits de mon moulin*, suggère de cuire les fruits au vin avec un peu de grains de poivre noir (retenus dans un ballotin de mousseline), et de poivrer fraises, ananas et melon.

peut en effet s'élever jusqu'à dix mètres. Si l'on veut produire du poivre noir, on détache à la main les grappes de petits grains avant leur complète maturité, encore verts. Les grappes sont ensuite transportées à la manufacture et égrenées. Les grains sont mis à sécher au soleil plusieurs jours, à même le sol de vastes esplanades, et constamment brassés à l'aide de grands râteaux pour éviter toute fermentation. Peu à peu le grain vert se ratatine, se fripe et prend sa coloration finale : le poivre noir est né. Il sera ensuite longuement vanné pour éliminer les impuretés, puis calibré. Les grains destinés à donner le poivre blanc, quant à eux, sont récoltés tout à fait mûrs, rouge foncé. Parvenue à maturité et donc fragilisée, la couche externe de la baie pourra plus facilement être détachée à la main, après avoir fermenté quelque temps dans un bassin empli d'eau salée. Sous cette pulpe extérieure, le grain blanc crème apparaît alors. Il sera ensuite rapidement séché, puis très soigneusement trié par les femmes. Ces manipulations le rendent plus cher que le noir.

LA PALETTE DES POIVRES Poivre blanc et poivre noir sont donc le même fruit, l'un épluché, l'autre pas. La différence ne tient pas seulement à leur couleur et à leur prix : l'essentiel de la pipérine, la piquante substance du poivre, se trouve en effet dans la « peau » du grain, tandis que tout le parfum de son huile essentielle se tient dans la graine elle-même. Voilà pourquoi le poivre blanc est moins brûlant mais plus aromatique que le noir. Ces deux sortes de poivre étaient connus dès l'Antiquité. Mais les Romains appréciaient aussi un troisième poivre d'origine indienne, le poivre long, Piper longum, dont l'usage, qui perdura jusqu'au Moyen Âge, renaît aujourd'hui. Chez lui, les grains ne se trouvent pas en grappe mais, beaucoup plus petits, agglomérés en un épi d'environ deux centimètres de long, qui prend sa coloration brun clair en séchant au soleil. Le poivre long est commercialisé en épi, et moulu tel quel. Aussi piquant que le poivre noir, sa saveur légèrement acidulée et sucrée lui donne une incontestable personnalité, apte à aromatiser le gibier par exemple. Il parfumera très bien aussi la vinaigrette d'une salade, et donnera un incontestable relief à n'importe quelle sauce de viande.

Avec le poivre long, le poivre à queue, ou « cubèbe », est l'une des épices appréciées au Moyen Âge réapparaissant aujourd'hui. Le *Piper cubeba*, cultivé surtout à Ceylan et en Indonésie, nous donne des petits fruits de taille et d'apparence semblables au poivre noir, mais toujours pourvus de leur charmant pédicule, d'où leur nom. Leur saveur, qui demeure très proche du poivre noir, bien que légèrement plus amère et aromatique, les destine aux mêmes usages. Olivier Rœllinger en saupoudre légèrement son foie de veau à la casserole, délicieusement accompagné d'un chutney de fruits...

Enfin, dernier « poivre » médiéval à retrouver l'honneur des certaines cuisines, la maniguette, ou « poivre de Guinée », qu'au Moyen Âge on appelait aussi « graine de paradis ». Ses grains brûlants, très légèrement acidulés, sont ceux du fruit — utilisé aussi dans les rituels vaudou — d'une plante courante en Afrique, l'*Aframomum melegueta*. Moins parfumée que le poivre, la maniguette demeure d'un emploi rare en Occident. Elle entre en revanche dans l'aromatisation de plats très variés en Afrique, et dans la composition du plus célèbre mélange d'épices marocain, le *ras el-hanout*, dont nous reparlerons.

L'apparition chez les meilleurs détaillants occidentaux de ce qu'on appelle le « poivre du Sichuan » (car il provient désormais surtout de cette région de Chine), ou « fagara », voire « clavalier », est l'une des excellentes nouvelles de l'histoire récente des épices. Le grain séché du *Zanthoxylum piperitum*, qui s'ouvre en deux une fois mûr, offre en effet aux gourmands, outre sa très belle couleur vieux rose,

La liane du poivrier nous offre, outre le poivre vert qui est son fruit à l'état naturel, le virulent poivre noir et le parfumé poivre blanc (ci-contre) : le premier est son fruit seulement séché, le second son fruit épluché. Les deux peuvent se mélanger pour offrir la meilleure des « mignonnettes », qui donnera tout son piquant au steak au poivre, par exemple. Double page suivante : au début du siècle, embarquement de poivre « Muntok », l'un des meilleurs crus indonésiens que l'on trouve souvent sous forme de poivre blanc.

L A P
muntok
MUNTOK

Dans les plantations (ci-dessus, au Kerala, en Inde), l'une des tâches principales est le nettoyage et le tri des grains : pour un négociant comme pour le consommateur, les meilleurs poivres se reconnaissent, en effet, à l'homogénéité des grains, à l'absence de débris et de grains défectueux. De la même famille des *Piper* que le poivre courant, le poivre long (page ci-contre) se présente en minuscules épis qu'il conviendra de moudre ou de piler. Originaire d'Asie du Sud, il était déjà très apprécié à Rome, où il était le plus cher des poivres : « Le poivre long se vend quinze deniers la livre, le blanc, sept, le noir, quatre », nous apprend Pline dans son *Histoire naturelle*. Aussi piquant que le poivre noir, mais légèrement acidulé et sucré, il donne à nos plats, particulièrement ceux qu'on aime un peu acides comme les marinades ou les salades, une autre idée du poivré. Devenu rare après avoir régné jusqu'au Moyen Âge, on ne le trouve que dans les meilleures épiceries fines.

son puissant parfum à la fois fleuri, citronné et mentholé, qui se prolonge en bouche accompagné d'une saisissante âcreté. Ses arômes et sa saveur sont encore sublimés par une légère torréfaction à la poêle puis un broyage rapide au pilon juste avant usage. Le poivre de Sichuan est bien sûr l'épice essentielle, avec le piment, de la cuisine de cette province, particulièrement épicée : le canard croquant ne saurait s'en passer, de même que toutes les préparations aromatisées au « cinq épices », dit aussi « cinq parfums ». Sottha Khunn, l'un des disciples d'Alain Senderens devenu chef du *Cirque*, à New York, a conquis ses clients avec un étonnant cabillaud rôti au poivre du Sichuan. Quant au grand chef Ken Hom, référence incontestée de la cuisine chinoise, il en conseille aussi quelques pincées sur le foie gras poêlé...

L'histoire du poivre a ceci d'exaltant qu'elle semble infinie. L'épice reine des reines suscite des découvertes qui ne cessent de réjouir les gourmets. Et lorsqu'il peut mettre un nom sous une innovation de ce genre, l'historien des plaisirs est ravi. C'est le cas du poivre vert, autrement dit du poivre noir non séché, juste cueilli en grappe sur la liane puis vendu tel quel, sans l'égrener, sur les marchés en Inde. Là-bas, mais aussi en Thaïlande, on aime depuis toujours le délicat fruité de ce poivre frais, qui aromatise un grand nombre de plats. Mais l'extraordinaire faveur qu'a connu récemment le poivre vert en France, puis dans le reste du monde, ne date que des années 1960. L'initiateur de cette savoureuse révolution du poivre fut Claude Terrail, le chef de la prestigieuse *Tour d'argent* à Paris, qui rapporta vers 1960 quelques grappes de poivre vert d'un voyage à Saint-Domingue, et en ensoleilla la farce de ses petits canetons. Le merveilleux épicier que fut Paul Corcellet, que les Parisiens ne cessent de pleurer, lança peu après la mode de l'exquise moutarde au poivre vert. On trouve celui-ci, désormais, sous plusieurs formes : en conserve, en saumure, surgelé ou encore lyophilisé.

À ce voyage à Saint-Domingue répondit une quinzaine d'années plus tard le voyage à la Réunion de Bernard Broquère, l'un des plus fins négociants français en épices. Sa belle enseigne du « Comptoir colonial » illumine la rue Lepic à Montmartre, et se retrouve sur les étiquettes de flacons d'épices irréprochables un peu partout en France. Il se promenait dans les « hauts » de l'île quand il aperçut un arbuste à fleurs et fruits tout roses. Renseignement pris, il s'agissait d'une plante considérée comme si toxique que non seulement on n'en mangeait pas les fruits, qui avaient l'apparence de poivre rose, mais qu'on évitait même

D'usage immémorial en Chine, la merveilleuse petite baie vieux rose qu'on appelle « poivre du Sichuan » (page ci-contre) délivre la plus étonnante saveur qui soit : sa puissance âcre et citronnée, piquante et longue en bouche, a séduit de nombreux chefs : Chen, le grand cuisinier chinois de Paris, en parfume ses cuisses de grenouille sautées, tandis que chez Michel Rostang, Stéphane Hottlet en fait un incroyable sorbet accompagnant un croustillant d'abricots au coulis d'amande... Autre merveille poivrée encore méconnue, ou plutôt oubliée, le poivre à queue, ou « cubèbe » (ci-dessus), adopté par Olivier Rœllinger, que l'on pile au mortier pour en saupoudrer la saveur chaude et légèrement amère sur des viandes ou des légumes.

de la toucher. Bernard Broquère passa outre et goûta une graine : cela ressemblait à du poivre, mais en plus délicieusement fruité, moins piquant et légèrement sucré. Il revint en France chargé d'un petit sachet de grains roses, qu'une analyse identifia comme les fruits tout à fait inoffensifs du *Schinus terebenthifolius*. Bernard Broquère décida alors de retourner à la Réunion. Il parvint non sans mal à embaucher trois cueilleurs (ils exigeaient des gants !), et rapporta cette fois, dans son magasin de la rue Lepic, une dizaine de kilos de ce qu'il baptisa « poivre rose ». Un article de presse et une émission de télévision (celle du regretté Raymond Oliver) lancèrent en France les délicieux petits grains. Ils enchantent désormais les cuisines du monde entier, ou presque. En France, où la réglementation réserve à la famille des *Piper* le nom de « poivre », on les appelle les « baies roses ». Qu'il soit vert, rose, noir ou blanc, le poivre doit impérativement s'acheter en grains et être moulu juste au moment de l'usage (le plus tard possible, car une longue cuisson le tue). Le poivre en grains dure quasi éternellement, alors que le moulu s'évente en quelques jours. Le pseudo « poivre gris », vendu toujours moulu car il n'existe pas en grains, n'est qu'une mouture de débris ou de grains médiocres. Mieux vaut composer soi-même la traditionnelle et plus ou moins grise « mignonnette », en concassant au pilon du poivre noir ou blanc. On la déguste sur des huîtres, ou dans la sauce du « steak au poivre » (que l'on peut aussi aromatiser à l'aide d'un moulin conçu pour elle, d'où pleut une mouture grosse). N'oubliez jamais que les meilleurs poivres exaltent la saveur des fruits frais, en particulier les fraises, l'ananas et les figues. Enfin, n'hésitez pas à mélanger les différents poivres, afin d'obtenir des saveurs plus nuancées.

L'ardente palette des poivres et des faux poivres offre à l'œil autant de plaisirs qu'aux papilles... Le poivre vert (en haut), le plus frais et fruité des vrais poivres, enchantera un magret de canard, un mignon de veau ou des coquilles saint-jacques. Le désormais classique mélange « cinq baies », ou « cinq poivres » (ci-dessus) parsème de belles couleurs un grand nombre de mets, aussi bien salés que sucrés. Les baies roses, le plus sucré des faux poivres (page ci-contre, dans une magnifique boîte à épices indienne), conviennent aux terrines de poisson, aux salades, aux volailles... Elles sont si douces qu'on peut les laisser entières. La brûlante maniguette, enfin (double page suivante), le plus ancien des faux poivres, est courante en Afrique où elle est cultivée.

Le safran, fleur des épices

C'est une fleur qui naît la nuit, dont les pétales mauves surgissent de la terre avant l'aube comme une petite flamme, puis s'ouvrent à la rosée du petit jour. Cette magie nocturne du *Crocus sativus*, fleur qu'on nomme aujourd'hui safran (de l'arabe *zahafaran*, venant lui-même du mot *asfar*, jaune), est à la source de l'une des mille légendes qui courent en Asie au sujet d'Alexandre le Grand : parvenu à l'automne de l'année 327 avant notre ère au Cachemire, le conquérant fit camper un soir son armée dans une vallée aride. Le lendemain, à son réveil, toute la vallée était couverte d'un tapis bleu-mauve, qui s'était aussi glissé sous les tentes et les chariots. Alexandre y vit un mauvais présage, décida qu'il n'irait pas plus loin et qu'il fallait rebrousser chemin. Ici s'arrêta sa conquête du monde.

LES JARDINS MAUVES La couleur qui a rendu le safran célèbre partout au monde est celle de l'aurore, chantée par Homère au début du dix-neuvième chant de *l'Iliade* : *L'aurore au voile de safran*... L'aurore, entre l'aube et le jour, avant que n'apparaisse le soleil, lorsque le ciel est d'un jaune intense et vibrant à la fois d'or et d'orangé. Ce jaune safran qui, depuis peut-être cinq mille ans, colore tissus et aliments, provient des trois stigmates rouges de la fleur. Une fois prélevés et séchés, cinq de ces filaments, pesant un centième de gramme, peuvent par simple infusion colorer d'un jaune intense un litre d'eau... ou aromatiser divinement un plat. C'est l'une des magies du safran.

Les Romains et les Phéniciens propagèrent le goût du safran dans toute l'Europe. Il était alors cultivé essentiellement en Mésopotamie, en Perse et au Cachemire. À partir du VIIIe siècle, les Arabes étendirent ces cultures en Espagne, pays qui donne encore aujourd'hui l'un des meilleurs safrans du monde. Peu à peu, rapporté des Croisades, le mauve du safran gagna la France, les pays de Loire et notamment le Gâtinais, où sa tradition, vivace jusqu'aux années 1880, renaît aujourd'hui à petite échelle. Il fut également cultivé en Allemagne à partir du XIe siècle, et en Angleterre trois siècles plus tard, en particulier autour de la petite ville de Chypping Walden (Essex), qu'une charte d'Henry VIII autorisa à prendre le nom de Saffron Walden en 1514.

Le gel excessif est le principal ennemi du safran, responsable, par exemple, de l'abandon des safranières du Gâtinais, après deux très rudes hivers en 1880 et 1881. Pour le reste, le crocus n'est pas difficile et peut s'épanouir un peu partout, avec une préférence pour les terres calcaires, les étés chauds et secs et les hivers froids, les printemps humides. Aujourd'hui, on peut découvrir quelques belles étendues rayées de mauve dans une quinzaine de

Le safran, la seule épice qui naisse d'une fleur éclose, distille depuis des millénaires un parfum de légende, né peut-être d'abord de l'enchantement de ses couleurs. Du bleu mauve de ses fins et soyeux pétales se détachent très délicatement, une fois éclos, l'orangé de ses trois étamines duveteuses et surtout le rouge pur et profond de son précieux trésor, ses trois longs stigmates (ci-dessus). Il faut une patience infinie pour les détacher (page ci-contre), et à ce délicat travail les émondeuses espagnoles sont les plus réputées. L'Espagne offre encore le safran le plus recherché. En Castille, à Consuegra à la fin des récoltes (double page suivante), on fête chaque année avec faste la « rosa del azafran ».

pays de tous les continents. Mais les grands safraniers ne sont que quatre : d'abord l'Iran et l'Espagne — dont on trouve les produits dans la plupart des pays du monde — puis l'Inde qui consomme l'essentiel de sa production du Cachemire, et enfin, dans une moindre mesure, la Grèce.

Toute l'économie du safran, mais aussi toute la passion et le patient labeur des safraniers peuvent se résumer en ces deux chiffres : il faut environ cent cinquante mille fleurs pour produire un kilo de safran sec... Et ces fleurs fragiles ne peuvent être cueillies et « épluchées » qu'à la main. Voilà pourquoi la production mondiale ne doit pas excéder la centaine de tonnes. Voilà aussi pourquoi le safran est de loin l'épice la plus chère, la plus précieuse. Dans tous les jardins mauves, le travail est le même. On voit dès septembre, au centre de l'Espagne, sur cet immense plateau de la Manche où tournent encore les ailes des beaux moulins que combattit don Quichotte, des femmes — les *roseras* — pliées en deux pour cueillir les « roses du safran » à quelques centimètres du sol. Ici, souvent, les *celaminas* (safranières) n'excèdent pas cinq cents mètres carrés. Les cueilleuses penchées avancent le long de la ligne mauve, sectionnant des deux mains, entre l'ongle du pouce et l'index, les tiges à la base des pétales puis, après avoir empli le creux de leurs paumes d'une dizaine de fleurs, se relèvent pour les déposer dans un panier d'osier. La récolte a lieu chaque matin durant trois mois. Et chaque jour, les fleurs cueillies sont portées à la ferme où s'accomplit la *monda*, l'émondage, autrement dit le prélèvement des trois stigmates qui donneront le safran. Toutes les générations des femmes sont assises autour de la grande table de la cuisine, où peu à peu devient plus dense le parfum délicatement fruité des pétales qui tombent en pluie sur le sol. Quand la nuit sera venue, chaque femme aura épluché, de ses doigts virtuoses devenus tout bleus, quelque dix mille fleurs... Durant ces longues heures, elle aura dégagé les pétales de chacune d'elles, et incisé avec un ongle leur style blanc qui forme la base commune des trois filaments rouges.

On peut rencontrer Jean-Marie Thiercelin, l'un des rares spécialistes mondiaux du safran, héritier d'une longue dynastie d'experts-négociants du Gâtinais, dans son petit magasin proche de l'Opéra, à Paris. Lorsqu'on lui demande pourquoi le safran de la Manche est l'un des meilleurs au monde, il évoque d'abord cette *monda*. Ici, dans de nombreuses fermes, les émondeuses coupent le style au plus près des stigmates, qui contiennent seuls tout l'arôme du produit fini. La qualité du *Mancha* provient ensuite de la dernière opération : le séchage, au cours duquel les filaments perdent les quatre cinquièmes de leur poids. Dans les pays d'Asie, ils sont réunis en petits bouquets et longuement séchés au soleil. Ici, placés dans des tamis au-dessus d'un brasero, ils sèchent à la fois proprement, vite et bien. Dans les cuisines de la Manche, un autre parfum distille alors ses effluves de terre, de champignon, de fumé, avec quelques notes de réglisse, de santal, de poivre : un arôme divinement complexe, qui laissera plus tard en bouche cette touche délicatement amère que seul peut offrir le safran.

Chez les meilleurs détaillants, le safran porte inscrit sur son emballage la date de sa récolte. Car seul un safran frais (page ci-contre) peut offrir toute la richesse et la subtilité de ses flaveurs. Risotto, paella, petits pains suédois, cakes anglais profiteront alors de sa légère amertume fruitée, boisée. Tout comme la bouillabaisse, dont le romancier gastronome anglais John Lanchester a écrit très justement, dans son fort drôle *Le Prix du plaisir,* qu'elle réalise la fusion « entre le fastueux et le prosaïque (...) à l'image des Marseillais eux-mêmes ». Ou encore un « pilaf de moules au riz, merveilleusement safrané », tel que l'évoque Marcel Pagnol dans *Le temps des amours*... Ci-dessus, quelques belles boîtes de safran anciennes.

LE BIEN SAFRANER Au Ier siècle de notre ère et au Livre XXI de son *Histoire naturelle*, Pline prévenait déjà les amateurs, à propos du safran : « Rien ne se falsifie autant. » Vu sa rareté et son prix, le safran a toujours connu de misérables imitations et d'infâmes attentats. La fraude concerne surtout le safran en poudre. La plus courante et la moins nocive consiste à vendre sous son nom du curcuma (qu'on appelle parfois « safran bourbon » ou « safran des Indes », et dont on reparlera) ou de petites fleurs plus ou moins broyées d'une plante à teinture nommée carthame (appelée aussi « safran bâtard »). La plupart des « safrans » en poudre ou en filaments vendus en vrac dans les souks du Moyen-Orient sont ainsi du carthame, et ceux en poudre d'Afrique du Nord, des Mascareignes ou d'Inde, du curcuma, ce que reconnaissent d'ailleurs volontiers les marchands. La plus récente fraude, très fâcheuse car difficilement décelable, consiste à mêler aux stigmates des styles colorés...
Comment donc reconnaître le vrai safran du faux, avant même de le goûter ou de le sentir ? Il convient d'abord de l'acheter en filaments, et non en poudre, car ainsi la fraude peut se détecter à l'œil nu : un vrai filament de safran mesure de deux à trois centimètres et est d'une couleur « sang de bœuf », s'éclaircissant à sa base, vers la part du style restante. À l'autre extrémité, il s'évase en forme de trompette aux bords un peu dentelés.
Avant d'utiliser le safran en filaments, on prendra soin de le réduire en tout petits fragments. S'il n'est pas trop frais, il suffira de l'effriter entre ses doigts. Si, en revanche, il provient de la dernière récolte (ce qui est l'idéal), il faudra d'abord chauffer durant une minute la dose désirée, par exemple dans une petite poêle ou au four, puis d'effriter ensuite les filaments ainsi deshydratés entre ses doigts, ou les piler dans un petit mortier. On peut également laisser infuser quelque temps les filaments, entiers ou effrités, dans de l'eau chaude (ou n'importe quel autre liquide non gras entrant dans la composition de la recette), puis ajouter cette infusion au plat au moment de le cuisiner. L'infusion peut aussi éventuellement être congelée dans un bac à glaçons, comme le conseille judicieusement l'amoureux du safran John Humphries dans son excellent livre, paru en 1996, *The Essential Saffron Companion* : au moment de préparer un plat décidé à la dernière minute, il suffira d'y laisser fondre un ou deux glaçons.
Le safran doit être ajouté dans les derniers instants de la préparation si l'on veut déguster pleinement sa saveur. Rares sont les recettes indiquant précisément la dose de safran à utiliser, se contentant de termes aussi vagues qu'une « pincée » ou « un peu de ». Dans ce cas, il convient de ne pas user d'avantage qu'un dixième de gramme, soit environ 40 ou 50 stigmates. Une dose généralement suffisante dans un plat normalement épicé pour quatre à six personnes... ce qui nuance largement l'idée que le safran est cher !

Le safran est l'épice la plus chère, la plus imitée, la plus fraudée. Pour obtenir la belle couleur, tout a été essayé, même la poussière de brique ! L'essentiel demeure de ne pas tenter de faire passer le faux pour le vrai : dans la composition affichée du délicieux picalilli (ci-dessus) — condiment adoré par les Britanniques, à base de légumes confits dans une sauce au vinaigre, au sucre et au gingembre —, les fabricants ne cachent pas que sa couleur safranée provient d'un ajout de curcuma.

Le safran donne aux mets cette saveur inimitable de champignon légèrement amère, à la fois boisée et fruitée, que l'on déguste dans quelques grands classiques de la gastronomie : l'authentique paella valencienne ou la bouillabaisse marseillaise. Mais c'est peut-être le délicieusement onctueux *risotto* « à la milanaise » (qu'en Italie les puristes préfèrent appeler « *risotto* au safran », car le *milanese* d'origine était blanc sans safran), qui exalte le mieux toute la richesse aromatique de notre épice. Très ancien plat festif des traditions gastronomiques flamande et lombarde réunies dans l'empire de Charles Quint, le *risotto* au safran avait une valeur qui dépassait celle de sa seule saveur : symbolisant la fécondité, le grain de riz s'associait au safran, lui-même image du soleil et de la lumière la plus bénéfique. Voilà pourquoi, dès le Moyen Âge, le *risotto* au safran était en Flandres et en Lombardie un plat typique de repas de noces : pour certains, c'est lui qu'on voit porté par deux serveurs au banquet du célèbre *Repas de noces* de Bruegel l'Ancien.

À côté de ces monuments existent, pour notre plus grand plaisir, quelques odes traditionnelles au safran, moins connues. Citons les suavissimes gâteaux au safran de Cornouailles, ou de nombreux tajines marocains. Le safran connaît aussi sa fête en Suède, grâce aux petits pains et gâteaux safranés dont à l'aube de la Sainte-Lucie, le 13 décembre, tout Suédois sans exception se gave. La tradition veut qu'une jeune fille toute vêtue de blanc et couronnée de bougies allumées entre, à cinq heures du matin, dans la chambre des parents ou des hôtes, pour servir ces délices au safran, avec un thé ou un café. Une tradition imposée même aux lauréats du prix Nobel, ce jour-là présents à Stockholm pour la prestigieuse cérémonie et sommeillant paisiblement dans leur chambre d'hôtel, sans parfois qu'ils soient avertis la veille !

Le safran possède aussi des propriétés assez magiques pour être indécelables, celles d'apporter une harmonie et de révéler une autre saveur, même à dose infinitésimale. Ainsi, l'extraordinaire chocolatier qu'est Robert Linxe raconte comment, voulant créer un chocolat au basilic — le « Flamenco » — et se désolant du goût métallique que celui-ci donnait à sa ganache, y ajouta d'abord du romarin, puis de la cardamome et du jasmin, et finalement, après un an de recherche et d'essais, un soupçon de safran. Seul celui-ci permettait d'associer dignement chocolat et basilic. Mais le plus extraordinaire était que, pour réussir ce prodige, six filaments, soit un centième de gramme, suffisaient pour six kilos de crème...

Sachez enfin, pour finir sur une merveilleuse caresse, qu'une mince tranche de pain au safran très légèrement toastée vaut en émotion bien davantage que son poids en or, surtout lorsqu'elle escorte solennellement une lame de foie gras.

En revanche, faire passer du rocou (*annatto* en anglais ou en allemand) — graine du rocouyer à fort pouvoir colorant mais sans saveur notable — pour du safran est un délit. On retrouve le rocou colorant dans un bon nombre de fromages (l'edam et le chester, par exemple), et des plats traditionnels antillais. Olivier Rœllinger l'a également adopté pour faire rougir la subtile infusion où cuit son inoubliable « Petit homard aux saveurs de l'île aux épices », à base d'huile de rocou, d'un bouquet d'épices et d'un fumet d'étrilles.

Dans son *Livre des Merveilles*, Marco Polo rapportait déjà que le curcuma — beau rhizome de la famille du gingembre — était « un fruit ressemblant au safran ». Celui qu'on appelle souvent « safran des Indes », au goût poivré et un peu amer, est couramment utilisé, frais (ci-dessus) ou en poudre (ci-contre), pour colorer les currys indiens ou les caris antillais. Très courant en Asie, il remplace le safran en teinturerie, et est censé soulager le rhume. En Inde, sa couleur lumineuse porte chance : on en pose un doigt sur le front des nouveaux-nés et on en frotte les bords des saris de mariage.

La vanille, douce orchidée

À la Réunion, on vénère toujours la mémoire d'Edmond Albius, un tout jeune esclave noir qui, en 1841, aurait découvert en cette île le procédé de fécondation artificielle de la vanille. Cette découverte fortuite a été magnifiquement recréée par le romancier Georges Limbour dans *Les Vanilliers* (1938) : c'est parmi des fleurs de l'orchidée, juste après avoir fait connaître pour la première fois l'amour à la petite Jeannette, qu'Edmond, s'amusant à faire crisser les dents du peigne de la jeune fille et finissant par en casser une, a une idée : « Regarde (...) On va l'enfoncer dans la fleur » ; et « tandis qu'il insinuait avec précaution l'épine entre les pétales », Jeannette s'écrie : « Oh! maintenant c'est aussi une femme ! (...) peut-être qu'elle deviendra très belle et qu'elle aura des enfants. »

Une extraordinaire alchimie La métaphore érotique s'impose, en effet, pour évoquer la nature envoûtante de l'orchidée qu'on nomme vanille (du mot espagnol *vainilla* qui signifie littéralement « petit fourreau ») et en particulier de son arôme, d'une suavité à ce point entêtante qu'elle peut à haute dose enivrer. Parvenant au Mexique en 1520, le *conquistador* Hernán Cortés fut l'un des premiers Occidentaux à humer cette senteur exquise, que les Mexicains savaient tirer du fruit d'une orchidée sauvage inconnue dans l'Ancien Monde. Nommée *tlilxochilt* par les Aztèques, elle parfumait toujours le breuvage dont se régalaient l'empereur Moctezuma et sa cour, le *tchocolatl*. Les Espagnols allaient bientôt devenir les spécialistes incontestés du chocolat en Europe. Des plants de vanille furent également importés et choyés avec amour dans quelques jardins botaniques. Dans ces climats de serre humide, l'orchidée poussait bien, donnait généreusement ses fleurs éphémères, mais se refusait obstinément à produire des fruits, ces longues gousses que les Aztèques faisaient fermenter pour en délivrer l'arôme. Cette stérilité demeura longtemps un mystère. Après avoir observé les vanilliers du Mexique, les scientifiques comprirent enfin que l'orchidée hermaphrodite ne pouvait s'auto-féconder, une sorte d'hymen, une lamelle formée par l'une des lèvres du stigmate, empêchant le pollen d'y pénétrer. La pollinisation ne pouvait s'effectuer que grâce au butinage de petites abeilles ou d'oiseaux-mouches, qui transperçaient la lamelle.

Il semble que le premier botaniste à résoudre ce problème fut un certain Neumann qui, dix ans avant Edmond Albius eut l'idée d'effectuer ce percement à l'aide d'un fin stylet. L'expérience eut lieu dans les serres du Jardin des Plantes, à Paris, et fut couronnée de succès.

Aujourd'hui, la fécondation artificielle est employée dans presque toutes les régions où pousse la vanille, que ce soit à Madagascar ou à la Réunion, au Mexique ou à Tahiti. Comme toujours dans le cas d'opérations minutieuses, ce travail est confié aux femmes. À la Réunion, on les appelle les « marieuses ». De septembre à décembre, sur la « côte au vent » (la côte est, pluvieuse à souhait), on voit les vanilleraies envahies par ces femmes attentives, dont les plus expertes peuvent féconder à l'aide d'une épine de citronnier ou de bambou jusqu'à mille orchidées blanches par jour. Ici la vanille est secrète, protégée des vols mais aussi des ouragans dans les sous-bois ombragés où on la sème au pied des arbres tropicaux, filaos ou vacoas, ou dans de petites clairières aména-

Au Mexique où elle parfumait le chocolat des Aztèques, la vanille hermaphrodite était rendue fertile par des abeilles ou le long bec d'un petit oiseau. Il fallut attendre la première moitié du XIXe siècle pour comprendre ce phénomène, et le reproduire artificiellement, à la main, à l'aide d'épines. Les Français purent dès lors créer des vanilleraies aux Mascareignes et aux Antilles, les Anglais en Inde et les Hollandais en Indonésie. Douées d'une grande dextérité, les « marieuses » peuvent féconder mille fleurs de vanille par jour (page ci-contre à Madagascar, premier producteur mondial). L'opération nécessite autant d'adresse que de célérité : l'orchidée ne fleurit qu'un seul jour ! Les fruits — les « gousses » — seront cueillis neuf mois plus tard.

Une fois cueillies, les gousses de vanille fraîche (page ci-contre) vont connaître un long processus de transformation qui durera de nombreux mois (ci-dessus, l'une de ses étapes, le séchage sur claies). Mais celui-ci achevé, la vanille pourra subir d'autres métamorphoses encore. Au XVIIIe siècle, après avoir conquis le monde (aux États-Unis, le président Thomas Jefferson en était fou), liqueurs et pommades vanillées, réputées aphrodisiaques, firent leur apparition (ci-dessus, en vignette, une pommade française du XIXe siècle).

À la fin de leur transformation, bien striées, souples et grasses, les gousses de vanille peuvent enfin délivrer leur extraordinaire parfum. En France comme dans de nombreux pays du monde, c'est le parfum le plus aimé, avant même ceux de la fraise et du chocolat. Pour ne pas le perdre lors de leur expédition, les gousses sont liées en fagotins, empaquetées dans du papier sulfurisé et placées dans des boîtes de métal (ci-dessus). Certaines, très rares, sont mises à vieillir. Peu à peu exsuderont les cristaux de vanilline — principe du parfum — pour donner des « gousses givrées » d'une qualité exceptionnelle (page ci-contre).

gées dans les champs de canne à sucre, où on la fait pousser sur des tuteurs. Car la vanille est une liane qui aime s'enrouler autour d'un arbre, et s'épanouit dans la chaleur, à l'ombre et sous la pluie.

Les fruits de la vanille apparaissent environ un mois après le « mariage ». Ce sont les « gousses » que le monde entier attend, mais qui doivent d'abord mûrir sept à huit mois. Elles ressemblent à de grands haricots verts, jaunissant peu à peu et atteignant parfois vingt-cinq centimètres de long. La récolte des premières gousses commence vers le mois de juin, dès qu'elles se colorent d'une nuance particulière de jaune, qu'on appelle ici « queue de serin ». Un peu plus tôt, et la gousse manquera d'arôme ; un peu plus tard, et la gousse s'ouvrira et perdra toute valeur.

Commence alors l'extraordinaire alchimie qui va métamorphoser ce long fruit jaunâtre et inodore en sublime concentré d'arôme. Une simple fermentation, pourrait-on croire, que les Aztèques pratiquaient déjà en exposant les gousses au soleil, en les enfouissant sous de la paille, en les triturant puis en les enduisant d'huile. De nombreux autres procédés ont été mis au point pour obtenir davantage de parfum. Mais à la Réunion, où l'on produit en faible quantité l'une des meilleures « vanilles Bourbon », la fermentation se déroule selon un protocole aussi complexe et mystérieux qu'immuable. Dans les quatre entreprises qui se partagent les cinq tonnes de vanille réunionnaise annuelles, tout commence par l'échaudage, un bain dans une eau chauffée à 60°C. Les gousses, placées dans un grand panier d'osier, sont ainsi baignées durant trois minutes pour stopper toute végétation. Elles sont ensuite mises à transpirer dans des caisses capitonnées de laine durant une douzaine d'heures. Déjà un peu fripées, elles commencent à virer au brun chocolat qui sera leur couleur finale. Après cet étuvage, les gousses sont mises à sécher alternativement sur des claies et au four pendant une semaine, puis quelques heures par jour au soleil durant une autre semaine. Au cours des huit mois suivants, durant lesquels les gousses sont enfermées dans des caisses garnies de papier sulfurisé et sécrètent leur vanilline, l'extraordinaire arôme apparaît enfin et s'affirme. Les gousses peuvent naître alors dans leur plus belle apparence, presque noires, bien souples, grasses, luisantes, embaumant comme jamais aucun autre fruit ne saurait embaumer. Mais si on les laisse vieillir encore un ou deux ans dans leur caisse, leur moitié inférieure se couvrira peu à peu d'une sorte de givre pailleté jaune pâle : de la vanilline en cristaux exsudant du fruit.

Presque un an après sa récolte, voici enfin la gousse de vanille prête à être dégustée. Avant cela, les gousses sont d'abord triées : fendues ou brisées, elles seront expédiées aux industriels qui les transformeront en poudre ou, après macération dans l'alcool, en extraits liquides ; belles et entières, elles seront regroupées par taille (les plus longues seront les plus chères), liées en bottes, puis, après un mois de surveillance, distribuées aux négociants qui les emballeront à leur guise.

La vanille aromatise traditionnellement le chocolat, la crème anglaise, les pâtisseries, desserts aux fruits et crèmes glacées. Mais son extrême douceur, les chefs s'en aperçoivent de plus en plus en souvent, apporte une note subtile et délicieuse à des viandes blanches ou des poissons tels que le homard ou le saumon. Alain Passard, le chef de l'*Arpège*, à Paris, la recommande quant à lui pour illuminer une salade de tomates au vinaigre de framboise et à l'huile d'olive : on fera macérer au préalable une demi-gousse incisée dans l'huile, on saupoudrera les rondelles de basilic et de menthe et on servira avec du pain grillé... (Ci-dessus, une autre étape de la transformation du fruit en incomparable merveille : l'échaudage.)

Les délices de l'authentique Notre bonne « vanille Bourbon » est une *Vanilla planifolia*, et chacun pourrait amplement s'en contenter. Mais il existe aussi une *Vanilla tahitensis* venant de Tahiti, aux gousses plus volumineuses, dont les plus fins gourmets et parfumeurs sont tombés amoureux car elle contient davantage que les autres de piperonal, une substance aromatique évoquant l'héliotrope, que les parfumeurs appellent « héliotropine ». Elle donne à la vanille une senteur plus capiteuse encore et légèrement anisée... et un prix très élevé qu'accroît encore sa rareté. Certains grands chefs pâtissiers, comme Pierre Hermé à Paris, se l'arrachent donc à prix d'or.

La vanille est si immédiatement savoureuse qu'elle fait partie des parfums préférés des enfants. Elle aromatise aujourd'hui un grand nombre de desserts, des crèmes glacées, des yaourts, des petits pots pour bébé. Cet engouement est ancien, et dès la fin du XIXe siècle les chimistes ont tenté de créer un arôme de synthèse équivalent à la vanilline, qui permettrait de répondre à la demande à moindre frais. Mais pas d'effluves anisés, acidulés ou de fin réglisse, pas de pluie de mousson ni de soleil dans une vanille de laboratoire ! Et pas de ces petites graines noires très aromatiques, qui abondent dans les gousses et ornent d'un beau piqueté les plats et les desserts, signe incontournable de l'authenticité. De même, comme les « gousses givrées », plus douces et « rondes » au palais que les autres, sont malheureusement très rares, de funestes imitations, fabriquées à l'aide de vanilline de synthèse givrée vaporisée sur les gousses, ont fait leur apparition. On les reconnaît au givre répandu régulièrement tout au long de la gousse.

Bien plus noble est l'utilisation, en parfumerie et en confiserie, de la coumarine, une substance évoquant la vanille et le miel, tirée de la « fève tonka », graine du fruit d'un arbre de l'Amérique tropicale. Elle donnait autrefois un délicat parfum de vanille à certains tabacs pour la pipe. La fève tonka, récemment remarquée par de bons chefs, aromatise désormais des entremets, des sauces, des purées de légumes.

Les cuisiniers ont découvert à quel point la vanille savait apporter aux viandes et aux poissons en sauce, surtout en curry, une douce profondeur. On ajoute alors dans les sauces une gousse de vanille fendue en deux, ou seulement les graines noires. Dans les entremets, elle peut être au préalable infusée dans le lait ou la crème qui servira à la préparation. Nos grand-mères, quant à elles, conservaient les gousses de vanille dans du sucre en poudre. Une fois bien imprégné de la senteur exquise, il servait à la préparation de tartes, de compotes et de confitures. La vanille illumine aussi, traditionnellement, la saveur du rhum, des punchs ou, comme à l'île Maurice, du café et du thé. Sachez enfin que la vanille vieillit bien, et que son arôme s'intensifie avec le temps. Après l'avoir infusée, et à la condition de la laver et de la sécher avant de la replacer dans un récipient hermétique, rien n'empêche de l'utiliser une seconde fois. Tel est l'un des miracles du fruit de l'orchidée.

Toutes les vanilles du monde, celle de Tahiti (la plus rare et la plus recherchée) et celle qu'on appelle « Bourbon » (provenant de Madagascar, des Comores et de la Réunion), ne suffiraient pas à fournir tous les parfumeurs et glaciers du monde... À la fin du XIXe siècle, fut mise au point la vanilline de synthèse. D'autres ersatz de vanille furent trouvés, comme la coumarine, substance évoquant aussi le miel et le foin coupé, extraite de la « fève tonka » (ci-dessus). En Amérique du Sud et dans les Caraïbes, on râpe la fève pour aromatiser certains mets, des sauces ou des purées de pommes de terre. Aujourd'hui, des cuisiniers occidentaux l'utilisent aussi, telle Ghislaine Arabian, chez *Le Doyen*, dans une tarte au chocolat.

La magie des mélanges, bouquets d'épices

Dans les gastronomies épicées de l'Antiquité et du Moyen Âge, les épices n'étaient pratiquement jamais utilisées seules dans les préparations, mais combinées entre elles afin d'obtenir une saveur particulière. Aujourd'hui, aucun plat relevé des grandes cuisines traditionnellement épicées, celles du Moyen-Orient, de l'Inde ou des Antilles par exemple, ne se conçoit sans une combinaison d'aromates. Les recettes de ces mélanges, souvent secrètes et extrêmement sophistiquées, se transmettent de mère en fille depuis des générations comme un trésor sacré. Voici les mélanges les plus célèbres, qui nous permettront d'évoquer aussi quelques autres épices.

LES MARIAGES DES SOUKS C'est au Maroc, pays de haute tradition culinaire, que l'on rencontre le mélange d'épices le plus mystérieux et le plus savant au monde, le *ras el-hanout*. Restauratrice à Paris, Fatéma Hal énumère, dans le beau livre qu'elle a consacré à la cuisine marocaine, la plupart des vingt-sept ingrédients qui composent le *ras el-hanout* le plus authentique : épices telles que le piment, le gingembre, la cannelle, le cumin, le safran, la muscade et le girofle, mais aussi boutons de rose, baies de belladone, fruits du frêne, sans oublier la gomme arabique et le surprenant cantharide, coléoptère séché réputé aphrodisiaque... L'ensemble, dont le nom signifie litté-

Depuis toujours, les gastronomies du monde entier combinent les épices entre elles afin de créer des saveurs adaptées à certains mets. Dans les souks parfumés du Maroc (page ci-contre), la vingtaine d'épices entrant dans la composition du *ras el-hanout* — qui aromatisera des tajines — attendent d'être assemblées. Le gingembre et le safran se marieront aussi dans la sauce *m'qualli* pour un poulet aux citrons confits, le piment doux et le cumin se mêleront dans la sauce *m'hammer* relevant un tajine de mouton. Dans les cuisines occidentales, on trouve désormais, venus du marché (ci-dessus, le cours Saleya à Nice), des épiceries fines ou des grandes surfaces, des mélanges tout prêts pour salades, grillades de viandes ou de poissons...

Au Liban et en Syrie, le *zahtar* (ci-dessus, dans la case de droite), délicieusement acidulé grâce à la présence de sumac (page ci-contre), est à base de thym et de graines de sésame grillées (ci-dessus, trois différentes variétés de sésame : doré, noir, blanc). En Égypte, les marchands d'épices des souks préparent un mélange pour les viandes comprenant en des proportions secrètes fenouil, laurier, girofle, muscade, gingembre, cannelle, cardamome, poivre blanc et noir. Pour accompagner les poissons, ils ajoutent du cumin, des graines de coriandre, de l'origan et du thym. Ces mélanges peuvent comprendre aussi une poudre rouge de carthame, petite fleur dont le pouvoir colorant est semblable à celui du safran, pour lequel on la fait très souvent passer...

ralement « tête de l'épicerie », relève d'une saveur chaude et piquante aussi bien des tajines, tels que la divine et sucrée *mourouziya* à base d'agneau au miel et aux raisins secs, que la *pastilla* au pigeon et même parfois, à Fès, le café. Le *ras el-hanout* comprend aussi de la coriandre, plante aromatique que l'on retrouve fraîche dans la cuisine asiatique sous le nom de « persil chinois », et qui sous forme de graines parfume délicatement les cuisines d'Orient et d'Inde, mais aussi d'Europe puisqu'on les retrouve dans la choucroute.

Au Liban, tout comme en Syrie et en Iraq, on se régale d'une préparation d'une divine saveur, le *zahtar*. On peut déguster ce mélange d'épices broyées (plutôt que moulues) sur du fromage blanc par exemple, mais on l'aime surtout en entrée, présenté dans une assiette où l'on tapotera une bouchée de pain préalablement imprégnée d'huile d'olive. Les graines de sésame grillées sont la base du *zahtar*, auquel on ajoute du thym, des graines de coriandre, des noix pilées, du cumin, de la cannelle et de la poudre de sumac. Assez courant dans la cuisine du Moyen-Orient, le sumac est un arbuste méditerranéen dont les fruits, des baies rouges en grappes, sont séchés pour donner une épice acidulée.

En Syrie, le plus gourmet des pays de la région, la cuisine épicée d'Alep a recours à un mélange de poivre, de cannelle, de muscade, de girofle et de cardamome, le *beahar*, qui embaume le merveilleux souk aux épices de la vieille ville.

LE GRAND ART DES CURRYS Avec les cuisines pakistanaise, indienne et ceylanaise, nous entrons dans un univers épicé d'une extrême sophistication, puisque les plats en sauce qu'on appelle communément currys, mais aussi les viandes cuites à la braise de ces petits fours en terre traditionnels nommés *tandoor*, tout comme souvent le thé, un bon nombre de *chutneys* et de desserts sont préparés avec une multitude de mélanges d'épices différents. Ceux qu'on connaît partout au monde sous le nom de « curry », souvent vendus en médiocres poudres toutes prêtes, ne sont pas utilisés en Inde. Déjà, ce mot n'est pas indien, mais anglais, forgé à partir du vocable *kari* qui, dans la région de Madras, désignait à l'origine un plat de légumes aux épices. D'autre part, il n'y a pas *un* curry en Inde, mais des dizaines de mélanges qu'on appelle ici *masalas*. Enfin, pour préparer par exemple le très quotidien « curry de mouton », ce n'est pas *un* mais *trois* masalas différents qui sont utilisés : le premier, frit dans l'huile où la viande est d'abord dorée, comprend du gingembre, de l'ail et du piment ; le second, qui mijotera avec la viande durant au moins une demi-heure, marie de la cardamome à des feuilles de canneliers de Chine (similaires à notre laurier) ; le troisième, ajouté quelques minutes avant de servir, est le mélange couramment utilisé dans les currys en fin de cuisson, le *garam masala*. Le plus souvent doux, merveilleusement aromatique, il donne sa touche caractéristique au plat en harmonisant poivre noir, cumin, cardamome, clous de girofle et cannelle. Mais il existe plusieurs versions de *garam masala*, certains comprenant aussi de la muscade, du macis, du carvi, de la coriandre ou du gingembre... Tout ici est affaire de nuances gourmandes, de traditions régionale et familiale, de « tour de main » et d'inspiration.

On mesurera mieux encore l'extraordinaire subtilité de la cuisine indienne en sachant que certains currys exigent cinq masalas différents : en plus des trois accompagnant les différentes étapes de la cuisson, le premier avant celle-ci pour faire mariner la viande, le cinquième comme un condiment au moment de la déguster... Naturellement, chacun de ces cinq mélanges — qui peuvent marier entre deux et vingt ingrédients différents, la plupart grillés et moulus juste avant usage...— varie selon le plat et la région ! De nombreux mélanges, et toutes les poudres de curry du commerce,

En Inde, le *tikka masala* (page ci-contre), associe piment, coriandre, cumin, pavot, poivre, cannelle casse, girofle, gingembre, ail et sel, pour accompagner viandes ou poissons coupés en petits morceaux avant d'être cuits dans les fours en terre qu'on appelle *tandoor*. Double page suivante, une palette d'épices et de mélanges (de haut en bas et de gauche à droite) : piment doux, muscade, *tandoori masala*, *garam masala*, piment fort, curry, mélange pour pain d'épices, mélange mexicain pour tacos, *tandoori masala*, mélanges oriental pour *kebabs*, épices à paella, à couscous, mélange indonésien pour saté, curry, cinq parfums, gingembre, cardamome, épices pour rouille, fenugrec, piment, curcuma et vanille.

contiennent du curcuma. On appelle parfois « safran des Indes » ce rhizome cousin du gingembre, car son principal intérêt est son pouvoir colorant : il donne sa couleur jaune caractéristique à bon nombre de currys. Quant à la saveur dominante des poudres de curry les plus courantes en Occident, avec ses tonalités de céleri et de fumé caractéristiques, elle vient de l'emploi de graines moulues de fenugrec, légumineuse courante en Inde mais aussi dans de nombreux pays du monde. Ses feuilles fraîches sont consommées comme légume en Inde. Ses graines jaunes, très dures, développent un puissant arôme de curry avant même d'être moulues. Pour les papilles occidentales et les cuisiniers pressés, on ne saurait trop recommander le très simple curry qu'on préparait à Nohant chez George Sand, sans fenugrec mais, pour cent grammes de mélange, cinquante grammes de piment (doux), trente-six de curcuma, six de clous de girofle, six de poivre blanc et deux de muscade.

DES « CINQ PARFUMS » AUX « QUATRE ÉPICES »
Bien qu'en Thaïlande on puisse trouver des mélanges d'épices déjà préparés dans les supermarchés, rien ne vaut ceux qu'on achète sur les marchés des villages à des commerçants experts, qui vous le servent « sur mesure », enveloppé dans une feuille de bananier... Ce sont en général des purées d'herbes et d'épices, appelées « pâtes de curry » dans le commerce, accompagnées de l'indispensable pâte de crevette, le *kapi*. La plus courante, qui relève fortement les viandes et les légumes, comprend, outre un peu de *kapi* et du sel, des piments rouges, des oignons, de l'ail, de la citronnelle, de la coriandre fraîche et en graines, du poivre, du cumin, le zeste haché d'un agrume nommé *makrut* (évoquant le citron vert et le pamplemousse) et du galanga pilé. Ce rhizome bien brûlant, assez proche du gingembre mais délivrant des effluves d'eucalyptus, est une épice fréquente dans les cuisines d'Asie du Sud-Est et de Chine. L'Europe du Moyen Âge, avant de l'oublier, le connaissait et l'aimait sous le joli nom de « garingal ». Associé à la citronnelle, il donne au piquant du mélange une arrière-saveur acidulée.

Il ne figure pas, néanmoins, dans le très vieux mélange chinois qu'on appelle « cinq parfums », ou « cinq épices », absolument indispensable à l'assaisonnement du poulet, du canard ou des travers de porc grillés. On le trouve aussi dans la cuisine vietnamienne. Après les avoir finement moulus, on y assemble à parts égales du poivre du Sichuan, de la cannelle, des clous de girofle, des graines de fenouil et de ces gracieuses petites étoiles, fruits du badianier, qu'on appelle d'après leur goût et leur forme anis étoilé (elles participent à la plupart des alcools anisés). Ce nombre de cinq ne serait pas un hasard, mais répondrait à l'ancienne cosmologie chinoise qui fait de l'univers un ensemble de cinq éléments : le bois, le métal, l'eau, le feu et la terre. Les voici en harmonie dans ce mélange de saveurs, à la fois doux et poivré, qui exhale une senteur chaude et fruitée.

On trouve le « cinq parfums » en petits sachets dans les épiceries de tous les Chinatown du

Une fois moulus, les petites graines joliment striées du fenouil (page ci-contre) et les magnifiques soleils de l'anis étoilé — ou badiane — (ci-dessus), donneront leurs saveurs anisées à l'un des plus traditionnels mélanges d'épices chinois, le « cinq-épices », accompagnant viandes et volailles. En Occident, branches fraîches ou graines de fenouil parfument souvent les poissons, alors qu'en Inde, cette épice qu'on appelle *soonf* entre dans la composition de nombreux masalas. Quant à la badiane, qui développe sensiblement le même arôme que l'anis vert, le pastis et l'anisette ne sauraient s'en passer... On en fait aussi une exquise moutarde, destinée à accompagner les poissons et les salades.

monde, mais rien ne vaut une préparation fraîche à partir d'épices bien conservées à la maison et moulues juste avant de servir. Réservons à l'industrie les préparations trop complexes, comme par exemple la célèbre *Worcester sauce*, dont vers 1850 un sujet de sa Gracieuse Majesté résidant dans le comté de Worcester, Sir Marcus Sandy, rapporta la version originale du Bengale, dont il avait été le gouverneur. Des épiciers de ses amis tentèrent d'en reconstituer la recette, et aboutirent à un mélange assez approchant, contenant, outre de l'anchois et de l'extrait de bœuf, du soja, du piment, du girofle et du tamarin. Ce fruit d'un magnifique arbre asiatique ressemblant à un saule pleureur, est une longue gousse, une sorte de grand haricot brun renfermant des graines entourées de pulpe. C'est cette dernière, surtout, qui donne au tamarin une saveur prononcée de fruit vert, sucré et très acidulé. En pâte ou en tranches séchées, il participe allègrement à de nombreux currys et chutneys indiens. En Thaïlande, son acidité fouette quelques soupes, tandis qu'aux Antilles on en fait une boisson rafraîchissante.

Aux Antilles et aux Mascareignes, on savoure une cuisine épicée riche d'influences diverses, où triomphent les « caris ». À Paris, dans le quartier de Belleville, au restaurant-épicerie réputé *Aux Spécialites antillaises*, Indira Wootun, originaire de l'île Maurice, vous explique toutes les subtiles différences entre « cari » et « curry », entre *masalas* indiens et *massalés* des Antilles (en pâte) ou de la Réunion (en poudre), entre *massalés* et « poudre à Colombo ». Pour les caris antillais, la « poudre à Colombo », comprend du gingembre, des clous de girofle, du curcuma, de la coriandre, du poivre, du piment, du fenugrec, des graines de moutarde et du riz grillé. Pour leurs caris, les Indiens des Antilles ou de la Réunion préfèrent un *masala*, ici nommé *massalé*, mélange moins brûlant comprenant de l'anis, de la coriandre, du safran, de la cive, des oignons, du poivre et des clous de girofle, mais pas de curcuma... Dans ces îles où les peuples se côtoient et souvent se confondent, les différentes gastronomies ne se distinguent plus que par des nuances, que relativise encore le génie propre à chaque maîtresse de maison. Ainsi, pour le poisson ou le cabri, aux saveurs propres déjà fortes, Indira compose des massalés plus relevés — contenant aussi de l'ail, de la moutarde, du gingembre, de la cannelle et davantage de girofle — que pour un cari de poulet...

Sur l'autre rive de l'Atlantique, les Français ont inventé plus ou moins récemment quelques succulents mélanges, bien souvent utilisés dans leur gastronomie. Le plus traditionnel est le « quatre épices », que le grand Carême, cuisinier de Talleyrand et d'une myriade de rois et d'empereurs, utilisait déjà dans ses divins bouillons et plats mijotés. Les quatre reines ici assemblées étaient le poivre,

Les Antilles et les îles de l'océan Indien offrent les trésors d'une cuisine riche en saveurs, en couleurs et en tempérament. À la Martinique et à la Guadeloupe, les plats épicés appelés « caris » sont parfumés grâce à la « poudre à Colombo » (ci-dessus), dont la belle couleur est donnée par le curcuma. À la Réunion, les Indiens préparent pour leurs « currys » ou « carrys » un *massalé* en poudre (page ci-contre, avec des feuilles au parfum de curry, provenant du jardin du chef Roger Vergé et qu'il a adoptées pour sa cuisine épicée) dont la couleur brune provient plutôt du girofle. Mais, quelles que soient leurs nuances, quel vin boire avec les currys ? Les sommeliers, pour qui la question est épineuse, recommandent des vins d'Alsace un peu doux, un vin jaune du Jura, voire certains brouilly...

la muscade, le girofle et le gingembre, mais Carême y ajoutait de la cannelle et du laurier. Sans gingembre mais avec de la cannelle, l'un des grands gastronomes français du XXe siècle, le célèbre Ali Bab, l'incluait — aussi bien que le piment de la Jamaïque censé délivrer les mêmes saveurs — dans un extraordinaire potage aux huîtres.
Beaucoup plus récent, le « mélange cinq baies », (parfois aussi appelé « cinq poivres ») inventé vers 1980 par le négociant et grand gourmet Bernard Broquère, comprend des poivres noir, blanc, vert, des baies roses et des piments de la Jamaïque. On s'en sert comme du poivre dans n'importe quelle préparation, mais on déguste mieux tout son fruité lorsqu'il vient de tomber en pluie d'un moulin sur son assiette, où l'attendait une salade, une grillade, une omelette ou une purée de légumes.

Ainsi les épices reines s'assemblent et se multiplient à l'infini. Ainsi de nouvelles apparaissent, découvertes par des voyageurs ou ressuscitées des horizons lointains de notre histoire et de notre géographie gourmandes. Elles sont à la cuisine ce qu'un parfum est à une femme, un sourire à un visage, et c'est pourquoi jamais nous ne nous en lasserons. Elles sont pour le cuisinier la touche finale, poétique, sans laquelle sa création manquerait de ferveur et d'originalité. Elles apportent à nos plats et aux senteurs de notre vie quotidienne, depuis des milliers d'années, tous les plaisirs d'un magnifique jardin. Un jardin si enchanteur qu'il nous entraîne au paradis...

Pulpe acidulée du tamarin (page ci-contre) et achards de l'océan Indien — fruits ou légumes épicés confits dans le vinaigre — (ci-dessus à droite, achards de citron aux gingembre, piment et curcuma) témoignent du rôle acidifiant souvent dévolu aux épices et aux condiments dans les pays chauds, afin de donner une sensation rafraîchissante. Quant à la nigelle (ci-dessus, à gauche), elle donne au contraire sa chaleur poivrée aux pains indiens, les *naans*, qu'elle parsème souvent. Ainsi, les épices jouent tous les rôles et aiguisent la créativité des gourmets. Celle des Britanniques n'est pas la plus banale, qui a transmué le gingembre en une très revigorante confiture (page suivante). Les épices sont d'autant plus merveilleuses qu'elles étonnent nos papilles avant de les enchanter...

CAHIER DE RECETTES

Pain d'épices à l'ancienne

L'ancêtre de notre pain d'épices, un pain au miel nommé « mi kong », *serait né en Chine, où il aurait connu une faveur particulière à la cour des Tang, au* X*e* *siècle de notre ère. Rapporté quelques siècles plus tard en Europe par des voyageurs, mitonné dans les cuisines des couvents du Moyen Âge avec force girofle et poivre, il aurait gagné le cœur de tous les gourmets des Balkans, d'Allemagne, de la vallée du Rhône et de la Champagne à partir du* XV*e* *siècle. Plus tard, le poivre disparaît peu à peu, et la quantité d'épices se modère, pour donner le délectable pain, moelleux et parfumé, que nous aimons aujourd'hui. Encore faut-il que ce pain-là soit préparé dans les règles de l'art, celles autrefois mises au point par la corporation des fabricants de « pains épiciers » : un vrain pain d'épices n'est sucré qu'au miel et enchante par un composé d'épices véritables et d'anis. Un composé inimitable, que l'industrie alimentaire avoue elle-même ne pouvoir reproduire fidèlement par ses arômes de synthèse. Pâtissier alsacien réputé, installé à Paris depuis les années 1950, André Lerch a grandi dans les effluves épicés de sa province natale. Dans le laboratoire de sa pâtisserie, entre le boulevard Saint-Germain et la Seine, cannelle, girofle et vanille embaument autant que le four chaud où dorent mille petits sablés et quelques tartes aux quetsches... Il a accepté de nous donner sa recette familiale du pain d'épices. Retrouvez donc sa vraie saveur.*

Préparation : 15 mn
Cuisson : 45 mn

125 g de farine de pur seigle noir
250 g de farine de froment (type 55)
250 g de miel d'acacia
10 cl de lait
8 g de bicarbonate de soude
1 jaune d'œuf
1 noix de beurre
10 g de graines d'anis pilées
5 g de cannelle en poudre
1 pincée de clou de girofle en poudre
1 zeste d'orange râpé
1 pincée de vanille en poudre
Facultatif :
quelques fruits confits
amandes effilées grillées (blondes)
sucre en grains

Recette d'André Lerch

Dans une terrine, mélanger les farines, les épices et le zeste d'orange.

Faire fondre le miel avec le lait, ajouter le bicarbonate de soude et mélanger avec les farines et le jaune d'œuf. Vous pouvez passer directement à la cuisson. Mais le pain d'épices sera meilleur si vous laissez reposer la pâte quelques heures — 24 heures est l'idéal — dans un récipient couvert d'un linge, à température ambiante, après l'avoir légèrement saupoudrée de farine.

Verser le tout dans un moule à cake beurré et faire cuire pendant 45 minutes dans un four (préchauffé) à 150 °C.

Après cuisson, décorer éventuellement avec des fruits confits, des amandes effilées grillées et du sucre en grains.

Pain
d'Epices
Pur miel
60 %

Gaspacho de langoustines au piment d'Espelette

Au Pays basque français, des chefs inspirés par cet incomparable délice piquant et fruité qu'est le piment d'Espelette proposent à leur table des plats à la fois simples mais très subtils, qui titillent merveilleusement le palais. Tel est le gaspacho *de langoustines que Jean-Marie Gautier, consacré « Meilleur Ouvrier de France » en 1991, propose à ses hôtes de* La Rotonde *de l'hôtel du Palais à Biarritz.*

Pour 6 personnes
Préparation : 1 h 30

30 langoustines
750 g de tomates bien rouges
1 poivron rouge
1/2 poivron vert
1 oignon blanc
1/2 concombre
1 gousse d'ail sans germe
3 cuillerées à soupe de vinaigre de Xérès
10 cl d'huile d'olive extra
1 tranche de pain de mie
6 feuilles de basilic
piment d'Espelette en poudre

Recette basque de Jean-Marie Gautier

Décortiquer les queues de langoustines et réserver dans un plat au frais.

Laver tous les légumes et éplucher le demi-concombre.

Couper en dés de 5 à 7 mm de côté le poivron vert et réserver au frais.

Couper les tomates, le concombre, l'oignon, le poivron rouge en gros morceaux et les broyer au mixer (ou hachoir plaque fine) ; débarrasser et ajouter le vinaigre de Xérès.

Éplucher et hacher l'ail, l'ajouter au gaspacho, assaisonner le gaspacho de sel et de 2 pincées de piment d'Espelette.

Laisser mariner durant 1 heure au frais.

Couper la tranche de mie de pain en dés de 1 cm de côté et les frire à l'huile d'olive ; égoutter sur papier absorbant, réserver.

Poêler à l'huile d'olive bien chaude et assaisonner de sel les queues de langoustines, égoutter sur papier absorbant et saupoudrer de piment d'Espelette.

Disposer dans des assiettes creuses le gaspacho puis 5 queues de langoustines encore tièdes par assiette ; parsemer dessus les dés de poivron vert et de mie de pain, puis ajouter la feuille de basilic.

Pizze aleppines roulées

Peu soumise aux influences étrangères, la cuisine syrienne offre aujourd'hui la quintessence de la gastronomie du Moyen-Orient. Qu'il réside en Syrie ou qu'il y séjourne pour visiter ses trésors touristiques, le gourmet trouve ici un paradis. Depuis quelques années, de merveilleux restaurants ont ouvert dans des palais anciens des vieilles villes de Damas et d'Alep, où embaument les souks aux épices. Ils donnent un aperçu de la richesse d'une cuisine ancestrale toujours à l'honneur dans les familles.
Auteur de La Cuisine familiale syrienne *(Éditions Publisud), Evelyne Marty-Marinone a résidé quatre ans en Syrie, et y a récolté de savoureuses recettes. Ce petit hors-d'œuvre syrien pouvant faire partie d'un* mezze, *est particulièrement à l'honneur à Alep, qui fut durant des siècles une étape importante, avec Palmyre, sur la route des épices. On trouve cette exquise petite pizza roulée et chaude dans les petits restaurants des souks. Ici domine le* beahar, *ou « poivre d'Alep », un mélange en poudre comprenant quatre doses de poivre noir, pour une dose de cannelle, une dose de cardamome, une dose de noix de muscade et une dose de clous de girofle. Ce mélange en poudre — très classique et proche de notre « quatre-épices » — est vendu tout prêt dans les souks, mais les maîtresses de maison préfèrent en général le composer elles-mêmes, afin d'en modifier les doses à leur convenance...*

Pour 4 personnes
Préparation : 15 mn
Cuisson : 30 mn + 2 mn

pâte à pizza (pour quatre petites pièces)
400 g de viande hachée d'agneau
1 cuillère à soupe de concentré de tomates
1 cuillère à café de poivre d'Alep
1/2 cuillère à café de purée de piment (type harissa)
1 pincée de sel
2 cuillères à soupe de jus concentré de grenades
3 oignons hachés très fin
1 aubergine
4 petites feuilles de menthe fraîche.

Recette syrienne

Éplucher l'aubergine et la mettre au four chaud (220 °C. - Th. 7) jusqu'à ce qu'elle soit bien cuite (environ 30 minutes).

Pendant ce temps, passer la viande hachée à deux reprises dans le mixer pour en faire une pâte.

Ajouter tous les ingrédients (sauf la menthe) à la viande moulue. Malaxer soigneusement.

Former quatre très fines galettes de pâte (de la taille d'une assiette à dessert) et les garnir de ce mélange.

Retirer du four l'aubergine et sans l'éteindre y placer les galettes durant 2 minutes.

Pendant ce temps mixer l'aubergine.

Déposer un peu de mousse d'aubergine et une feuille de menthe sur les pizze sorties du four, et roulez celles-ci sur elles-mêmes pour former un sandwich roulé.

Déguster bien chaud.

Guacamole

Rafraîchissante ode au piment, le guacamole est une préparation traditionnelle mexicaine à base d'avocats, qu'on sert en entrée. Elle illustre à merveille la passion millénaire des Mexicains pour les avocats (mot dont l'étymologie aztèque, ahuacatl, *indique l'origine américaine) et pour les piments. Le guacamole est aujourd'hui répandu dans le monde entier ou presque grâce à la mode de la cuisine « tex mex ». On en trouve désormais facilement tout prêts dans les supermarchés. Néanmoins, peu de gourmets connaissent le guacamole authentique, celui qu'on déguste au Mexique, qui n'est pas une mousse d'avocats, mais une salade où l'avocat, à peine écrasé à la fourchette, se laisse un peu croquer...*
Cette très simple recette authentique vous est offerte par Michel Javier Drada Ortiz, le cuisinier qui, depuis l'épicerie-restaurant-traiteur Mexi & Co., régale tout Paris de ses délicieuses spécialités mexicaines. C'est chez lui que vous pourrez trouver le piment idéal pour cette recette, le jalapeño, *un petit piment vert pas trop fort et bien fruité. Mais il peut être remplacé par un piment vert frais, ou par un piment rouge fort (style langue d'oiseau) à la condition d'en mettre beaucoup moins. Le* jalapeño *se trouve aussi, en boîte ou en bocal, dans les épiceries américaines et tex mex.*
Pour un savoureux contraste, on pourra déguster le guacamole accompagné de tostadas, *croustillantes galettes de maïs épicées mexicaines (ci-contre).*

Pour 4 personnes
Préparation : 20 mn

10 avocats bien mûrs
(le guacamole doit toujours être copieux)
1 jus de citron
3 grosses tomates
1 gros oignon
5 piments *jalapeños* frais
(ou 5 petits piments verts frais, ou 2 piments rouges de Cayenne ou « langue d'oiseau »)
2 cuillères à soupe d'huile
2 cuillères à soupe de vinaigre
1 petite botte de coriandre fraîche
sel

Recette mexicaine

Couper en deux et dénoyauter les avocats, puis les poser, côté peau vers le haut, dans un plat préalablement arrosé d'un demi-jus de citron (pour éviter leur oxydation).

Laver et couper les tomates en petits dés.

Éplucher et émincer finement l'oignon.

Ouvrir les piments, ôter leurs graines et leurs membranes, puis les émincer très finement.

Mélanger tomates, oignons et piments dans un saladier, avec l'huile, le vinaigre et le sel à volonté.

Avec la pointe d'un couteau, inciser la pulpe des avocats en la quadrillant finement afin d'en dégager de petits morceaux.

Dans un autre saladier, écraser légèrement les morceaux d'avocats à la fourchette, puis les mélanger avec la moitié de la salade de tomates-oignons-piments.

Mixer l'autre moitié de cette salade, et en napper le mélange précédent.

Garnir le guacamole de coriandre ciselée.

Arroser du jus d'un demi-citron si le plat n'est pas servi et consommé à l'instant.

Bœuf à l'oignon et au poivre du Sichuan

Auteur de quinze livres sur la cuisine chinoise, Ken Hom est bien davantage qu'un chef : un magicien curieux, cultivé et globe-trotter, qui dispense ses « tours » de cuisine avec générosité dans le monde entier. Élevé par sa mère chinoise dans le restaurant familial situé dans le Chinatown de Chicago, le petit Ken a commencé à cuisiner à l'âge de onze ans. Sa recette met en valeur merveilleusement cette épice chinoise, le poivre du Sichuan, que l'Occident découvre aujourd'hui avec enthousiasme. Ce plat s'accompagne d'un simple riz blanc. (Vous trouverez la farine de maïs, la sauce de soja et le vin de riz Shaoxing — le plus connu des vins de riz chinois — dans toutes les épiceries asiatiques. Vous pouvez remplacer ce vin de riz par du Xérès sec.)

Recette chinoise de Ken Hom

Pour 4 personnes
Préparation : 25 mn
Cuisson : 10 mn

1 livre de bœuf dégraissé
3 poireaux (la partie blanche seulement, bien émincée)
4 cuillères à soupe d'huile d'arachide
1 oignon en fines rondelles
1 cuillère à soupe de vin de riz Shaoxing (ou à défaut de Xérès sec)
2 cuillères à café de sel
1 cuillère à café de sucre
2 cuillères à café d'huile de sésame
2 cuillères à café de poivre du Sichuan légèrement torréfié et moulu

Pour la marinade :
1 cuillère à soupe de sauce de soja (« light soy sauce » ou « superior soy »)
2 cuillères à café d'huile de sésame
1 cuillère à soupe de vin de riz Shaoxing ou de Xérès sec
2 cuillères à café de farine de maïs

Découper le bœuf en tranches de 5 cm de long et 5 mm d'épaisseur. Les placer dans un grand plat creux. Ajouter la marinade et bien mélanger. Laisser mariner durant 20 minutes.

Mettre sur le feu un wok (poêle chinoise) ou une grande poêle classique. Une fois le récipient bien chaud, verser 3 cuillères à soupe d'huile d'arachide. Lorsque celle-ci commence à fumer, ajouter les tranches de bœuf. Laisser frire durant 5 minutes environ (elles doivent être légèrement dorées). Les retirer et les laisser bien s'égoutter dans une passoire.

Bien essuyer la poêle, et la remettre au feu. Lorsqu'elle est bien chaude, verser 1 cuillère à soupe d'huile d'arachide et faire frire l'oignon et les poireaux pendant 2 minutes.

Ajouter le vin de riz et continuer à frire durant 5 à 8 minutes.

Ajouter les tranches de bœuf égouttées, le sel, le sucre, l'huile de sésame et le poivre du Sichuan. Bien remuer le tout.

Disposer sur un plat de service et servir aussitôt.

Cari de poisson à l'aubergine

Indira Wootun est née et a grandi au sein d'une famille indienne de l'île Maurice. Elle vit aujourd'hui à Paris. Au restaurant-épicerie « Aux Spécialités antillaises », où elle travaille depuis plus de quinze ans, elle sait faire partager son expérience de cette cuisine des Antilles et des Mascareignes qui enchante par son art des épices. Comme sa mère et sa grand-mère, Indira prépare elle-même ses « poudres à Colombo ». Elle se souvient qu'enfant, elle réduisait en poudre toutes ces épices odorantes au mortier... Si aujourd'hui elle utilise un mixer, le résultat est le même : une merveilleuse création de saveurs et de parfums. Certes, pour sa délicieuse recette antillaise, on peut utiliser une « poudre à Colombo » ordinaire. Mais Indira vous offre ici son secret : un mélange légèrement plus relevé, sans être du tout brûlant, qui s'accorde mieux à la saveur du poisson. On remarquera l'usage des grains de riz, ajoutés au mélange seulement pour lui donner une petite note de grillé.

Recette antillaise

Pour 5 personnes
Préparation : environ 1 h
(plus 2 h pour la macération)

5 tranches de poisson (daurade ou vivaneaux)
huile pour friture
2 aubergines
5 tomates (fraîches ou en boîte pelées)
1 oignon moyen
1 citron vert
sel et poivre
un bouquet de coriandre fraîche
4 ou 5 feuilles de laurier
environ 50 g de poudre à Colombo
du commerce (100 g pour 2,5 kg de poisson)
ou, mieux encore, mélange d'épices d'Indira :
1/4 de cuillère à café de pâte d'ail
et de gingembre mélangés
1 cuillère à soupe de curcuma moulu
1/2 cuillère à soupe de cumin
1/2 cuillère à soupe de graines de coriandre
1/4 cuillère à café de graines de moutarde
1/4 cuillère à soupe de fenugrec
1/4 cuillère à soupe de clous de girofle
1 pincée de cannelle
1 pincée de poivre
1 pincée de sel
1/2 cuillère à soupe de grains de riz (cru)

Deux heures à l'avance : faire macérer le poisson légèrement salé et poivré dans le jus d'un citron vert.

Préparer éventuellement le mélange d'épices d'Indira : dans une poêle, faire griller légèrement toutes les épices (sauf la pâte d'ail et de gingembre et le curcuma) et le riz. Moudre l'ensemble au mixer. Ajouter la pâte d'ail et de gingembre, le curcuma moulu. Ajouter un peu d'eau pour former une pâte. Réserver.

Faire frire le poisson 2 à 3 minutes dans une grande poêle ou une sauteuse — jusqu'à ce qu'il soit bien doré — dans une bonne quantité d'huile chaude. Réserver.

Couper les aubergines en quatre, saler et faire frire dans la même huile. Réserver.

Ne laisser qu'un peu d'huile dans la poêle, et y frire l'oignon coupé en fines rondelles.

Dès que l'oignon est doré, ajouter la poudre à Colombo ou la pâte du mélange d'épices « maison ». Verser un peu d'eau pour former une pâte un peu liquide. Ajouter les feuilles de laurier. Laisser réduire une minute.

Ajouter les tomates coupées en petits morceaux. Laisser mijoter à feu doux jusqu'à former une sauce épaisse.

Ajouter une tasse d'eau froide. Dès les premiers bouillons, ajouter les tranches de poisson, l'oignon et les aubergines et laisser mijoter à feu doux durant 10 minutes.

Hacher les feuilles de coriandre fraîche.

Servir dans un grand plat ce cari, parsemé de coriandre, qui peut être accompagné de riz parfumé.

Risotto « à la milanaise »

En Italie, depuis plusieurs siècles, le très simple et délicieux risotto *au safran (*risotto allo zafferano*) est un plat courant qui met merveilleusement en valeur la plus précieuse des épices. On l'appelle aujourd'hui souvent* « risotto *à la milanaise* » *(*alla milanese*). Italienne vivant à Paris, historienne de l'art, Luciana Mottola-Colban régale sa famille et ses amis d'une inoubliable cuisine : celle que sa mère lui a apprise, traditionnelle et apparemment simple, mais en réalité riche d'un grand nombre de petits secrets, de « tours de main », qui seuls permettent d'obtenir les matières et les saveurs parfaites. Ici, outre le mode particulier de cuisson du riz, c'est la qualité de ce dernier qui fait toute la différence. Les deux variétés de riz conseillées par Luciana Mottola-Colban, à gros grains ventrus bien adaptés au mode de cuisson, contiennent un type d'amidon qui garantit au* risotto *une parfaite onctuosité. On les trouve dans toutes les épiceries italiennes, et dans les meilleures épiceries fines. Notez enfin que si vous êtes réfractaire à la traditionnelle moelle de bœuf, vous pouvez très bien l'omettre dans cette recette : le* risotto *n'en sera que plus léger (et c'est ainsi que Luciana le préfère).*

Préparer le bouillon de bœuf puis le laisser hors du feu.

Effriter entre les doigts ou piler les filaments de safran (s'ils sont très frais, les chauffer au préalable une minute au four ou dans une petite cuillère posée sur une flamme pour les déshydrater un peu), puis les laisser infuser dans une tasse à moitié emplie de bouillon de bœuf chaud.

Hacher très finement la moelle et le demi-oignon, puis les faire rissoler avec une pincée de poivre à feu modéré dans 100 g de beurre.

Pendant ce temps, réchauffer le bouillon et le maintenir frémissant.

Pour 5 personnes
Préparation : 30 mn

500 g de riz Carnaroli ou Vialone nano
150 g de beurre
40 g de moelle crue
1,5 l de bouillon de bœuf
3/4 de verre de vin blanc sec
0,1 g (environ 40 filaments) de safran
1/2 oignon
une douzaine de cuillères à soupe de parmesan râpé très fin
un peu de poivre

Quand les oignons sont tout juste dorés, hausser la flamme, ajouter le riz et remuer pendant une ou deux minutes (tous les grains de riz doivent avoir bien absorbé le mélange oignon-moelle).

Lorsque le riz est bien brillant et légèrement saisi, l'humecter en plusieurs fois avec le vin blanc.

Une fois le vin évaporé, baisser le feu puis, tout en gardant le bouillon frémissant sur l'autre feu, le verser peu à peu à l'aide d'une louche sur le riz, jusqu'à la fin de la cuisson. Attention, ne verser qu'une louche à la fois : pour ne pas trop mollir, le riz ne doit jamais être entièrement recouvert de bouillon. Mais celui-ci ne doit pas non plus s'évaporer complètement entre chaque louche (le riz ne cuirait qu'en surface). Durant toute cette cuisson, le riz doit être remué constamment mais avec précaution.

Aux trois quarts de cette cuisson, verser l'infusion de safran.

Après 17-18 minutes de cuisson, sortir le *risotto* du feu encore « al dente » et « all'onda », c'est-à-dire « sur la vague », donc un peu humide.

Ajouter le beurre restant et cinq bonnes cuillères à soupe de parmesan, et remuer assez brièvement le riz.

Laisser reposer quelques minutes avant de servir. À table, il y aura du parmesan fraîchement râpé.

Casserole de curry d'aubergines au *panir*

Terre-reine des épices, l'Inde a donné naissance à l'une des gastronomies les plus élaborées au monde, où la subtilité des saveurs naît d'un dosage à la fois précis et inspiré des masalas, ces mélanges d'épices que nous appelons « currys ». Mais il existe plusieurs gastronomies en Inde, de celle du nord du pays (et du Pakistan) influencée par la Perse, les Moghols et les conquérants musulmans — avec ses chapatis et ses viandes cuites au tandoor — jusqu'à celle du sud à base de riz, plus végétarienne et relevée, caractérisée par le classique et pimenté masala de Madras, au lait de coco et au tamarin. Au nord, les masalas sont plutôt utilisés en poudre, au sud plutôt en pâte. C'est à la demande de ses nombreux amis, émerveillés par sa table, que Ranjit Rai, grand gourmet indien originaire de Lahore puis installé à New Delhi, brillant homme d'affaires et cuisinier amateur, se mit à publier des livres de recettes. Il y rendait hommage à son père, qui lui avait appris à faire la cuisine. Dans l'un d'eux, Curry, curry, curry *(Penguin Books India), véritable ode aux masalas, nous trouvons la recette qui va suivre. Plat végétarien très simple, elle comblera les amoureux de l'aubergine, ici admirablement mise en valeur par un éblouissant bouquet de saveurs d'épices, qu'« arrondit » le fromage blanc caillé, c'est-à-dire le* panir *que vous trouverez dans les épiceries indiennes... (on peut utiliser bien sûr le fromage blanc caillé, la* ricotta *italienne ou le* cottage cheese *anglais).*

Recette indienne de Ranjit Rai

Pour 3 ou 4 personnes
Préparation : 1 h

2 aubergines
2 oignons moyens
200 g de fromage blanc caillé
500 g de tomates
(pour préparer un coulis de 150 ml).
125 ml d'huile végétale
sel

curry (mélange d'épices) :
1 cuillère à café de pâte de gingembre
1 cuillère à café d'ail mixé ou en pâte
1 cuillère à café de curcuma en poudre
1 cuillère à café de coriandre en poudre
1/4 cuillère à café de piment fort en poudre
1/2 cuillère à café de carvi en poudre

Couper les oignons en fines rondelles et bien les dorer dans l'huile. Puis les placer sur du papier absorbant.

Découper les aubergines en tranches de 1 cm d'épaisseur (en gardant la peau), les saler légèrement et les laisser transpirer durant 30 minutes.

Pendant ce temps, préparer le coulis de tomates (au préalable épluchées). Réserver.

Essuyer les tranches d'aubergines, bien les dorer dans l'huile très chaude, puis les placer sur du papier absorbant.

Mélanger bien le fromage (s'il est un peu sec, l'écraser ou le râper au préalable) avec toutes les épices du curry.

Frire ce mélange dans l'huile restante durant 3 à 5 minutes (le mélange doit être bien onctueux).

Dans une petite casserole, disposer alternativement une couche d'aubergines et une couche de mélange fromage-épices. La dernière couche doit être d'aubergines.

Napper cette dernière couche avec le coulis de tomates, et saler légèrement.

Couvrir et laisser cuire à feu modéré durant 20 minutes. Puis ôter le couvercle et laisser cuire encore 5 minutes.

Avant de servir dans la casserole, garnir d'oignons frits.

Velouté de moules au curry

En alliant dans une recette simple les savoureuses et douces moules de la baie de Cancale à un curry légèrement piquant, Olivier Rœllinger, chef du restaurant Les Maisons de Bricourt, *a réussi une union parfaite où les saveurs différentes de deux continents se révèlent l'une l'autre en se respectant. Encore fallait-il comprendre l'âme indienne, ne pas se contenter d'une banale poudre de curry du commerce, et laisser se développer tout l'arôme de son propre mélange d'épices durant au moins quinze jours : l'un des formidables secrets de cet inventeur de saveurs, qu'il partage bien volontiers. « Mais quel curry ? écrit-il dans* Le livre d'Olivier Rœllinger *(Éditions du Rouergue). Il en existe des milliers, doux ou brûlants. Dans ce mélange d'épices, la proportion de piment fait la différence. La formule utilisée ici est l'aboutissement de plusieurs essais. Vous pourrez à votre tour en modifier les proportions, voire ajouter une épice, pour obtenir "votre" saveur. »*

Recette d'Olivier Rœllinger

Pour 4 personnes
Préparation : en trois étapes, 15 jours à l'avance

2 l de moules
1 échalote
2 dl de vin blanc moelleux (coteaux du Layon)
crème liquide
1 cuillère à café de curry
(plus ou moins, selon sa force)
1 noix de beurre
cerfeuil
quelques brins de menthe bleue (facultatif)

Mélange d'épices pour le curry :
20 g de curcuma en poudre
22 g de coriandre
10 g de cumin
10 g de poivre blanc
5 g de girofle
5 g de cardamome
5 g de gingembre en poudre
5 g de poivre de Cayenne
5 g de macis
5 g de fenouil
5 g de fenugrec
3 g de badiane

Au moins 15 jours à l'avance : préparer le mélange d'épices. Il suffit de chauffer ensemble, à sec, toutes les épices entières dans une sauteuse, juste pour les déshydrater un peu, puis de les moudre au mixer. À cette mouture, on ajoute le curcuma et le gingembre, puis on laisse mûrir le tout dans une boîte en bois, pendant 15 jours au moins, avant de l'utiliser. Un peu plus d'une heure à l'avance : gratter les moules au couteau, les débarrasser de leur byssus, les laver à grande eau sans les laisser tremper.

Éplucher et ciseler l'échalote. Dans une grande casserole (surtout pas en aluminium), faire revenir l'échalote dans le beurre. Ajouter le vin blanc, donner un bouillon et verser les moules en maintenant la cuisson à couvert sur feu vif. Après 2 minutes, secouer le contenu de la casserole, attendre 2 minutes encore, vérifier que toutes les moules sont ouvertes, et stopper immédiatement la cuisson. Les moules ne doivent pas cuire après leur ouverture.

Mettre quelques moules entières de côté pour la garniture, décoquiller les autres, réserver.

Filtrer le jus de cuisson. Ajouter la même quantité de crème. Amener vivement à ébullition. Lorsque le jus commence à devenir onctueux, ajouter une cuillerée à café de curry (mélange d'épices) et laisser infuser ce velouté pendant 5 minutes.

<u>Dernière minute</u> :
Donner un nouveau bouillon au velouté, le filtrer, ajouter les moules décoquillées et les moules entières.

Servir en soupière ou dans des bols bien chauds, avec un peu de cerfeuil et peut-être même quelques feuilles de menthe bleue.

Tajine d'agneau aux pruneaux

Dans les très belles médinas de Fès, Marrakech ou Meknès, les marchés aux épices et leurs parfums témoignent déjà, avant même de passer à table, de l'extraordinaire tradition culinaire marocaine. C'est une recette très authentique que vous propose Boujemaa Mars. Depuis vingt ans chef de cuisine de cette véritable institution du luxe et de l'art de vivre qu'est l'hôtel La Mamounia *à Marrakech, Boujemaa Mars est un maître incontesté de la cuisine marocaine. Le mot* tajine *signifie « ragoût » et désigne également le récipient en terre dans lequel ce plat est cuisiné (ci-contre, tajine de poulet aux citrons confits, pommes de terre et coriandre).*

Recette marocaine de Boujemaa Mars

Pour 4 personnes
Préparation et cuisson : 2 h

1 kg d'agneau (pas trop gras et coupé en morceaux de 150 g)
1 botte de coriandre fraîche
250 g d'oignons hachés
400 g de pruneaux secs
10 cl d'huile d'olive
1 g de safran en filaments
20 g de grains de sésame grillés
10 g de gingembre en poudre (une cuillère à café)
25 g d'ail haché
75 g de sucre semoule
1 bâton de cannelle
5 g de sel fin
5 g de poivre blanc
100 g de beurre

Laver les morceaux de viande pris dans l'épaule et les faire revenir avec les oignons émincés, la coriandre hachée, le sel, le poivre, le gingembre, le safran, la cannelle, le beurre, l'huile et l'ail haché.

Recouvrir la viande d'eau et laisser cuire 1 h 30.

Tremper les pruneaux 30 minutes dans de l'eau froide avant de les pocher dans du sirop (mélange d'eau et de sucre) pendant 5 minutes.

Dresser la viande dans le plat, réduire la sauce et rectifier l'assaisonnement.

Disposer les pruneaux, les amandes grillées et les grains de sésame sur le dessus.

Servir très chaud.

Produit de France
HEDIARD
Suggestions:
pour parfumer les fruits au sirop,
dans le déglaçage d'un gratin de fruits
de mer ou de langoustes.
VINAIGRE
Vanille de Tahiti
VANILLA TAHITENSIS
Origine Tahaa
Qualité Extra
FINEST QUALITY
COMPTOIR DES VANILLES

LE GUIDE DE L'AMATEUR

LES BONNES ADRESSES

LES ÉPICERIES

Où trouver un bon safran frais, un poivre du Sichuan, un *ras el-hanout* ou un *garam masala* ? Voici, en France et dans quelques grandes villes étrangères, quelques bonnes maisons proposant un large choix d'épices sélectionnées avec soin. Cette petite liste n'est naturellement pas exhaustive, et peut être utilement complétée, dans de nombreuses villes du monde, par les épiceries des quartiers chinois, arabes, arméniens, indiens ou pakistanais, etc. (mais attention : veillez à la qualité, à la propreté et surtout à la fraîcheur, des épices vendues à l'air libre et en vrac).

PARIS

AHGA
21, rue Montorgueil, 75001 Paris.
Tél. : 01 42 33 72 39
Le centre de cette belle épicerie marocaine du quartier des Halles est occupé par de grands sacs de farine, lentilles, riz et autres féculents. Au plafond sont accrochés des dizaines d'articles d'artisanat traditionnel ou folklorique du Moyen-Orient. Et sur le côté, tout un pan de mur est occupé par une gamme complète d'épices.

ASIE-AFRIQUE-ANTILLES
88 *bis*, rue du Faubourg-du-Temple, 75011 Paris.
Tél. : 01 43 57 24 63
Ici le choix d'épices est vaste, surtout pour les mélanges (poudre à Colombo, *garam masala*, currys indiens, etc.). En bocaux, on trouve de la pâte pour colombos, de nombreux *chutneys*, des currys, des *sambals*. Au rayon frais, des « bonda a Man Jacques » (« fesses de Madame Jacques »), piments rouges de la Martinique (appelés souvent à Paris « piments antillais »), resssemblant un peu à des tout petits poivrons, qui sont extrêmement brûlants.

LE COMPTOIR COLONIAL
22, rue Lepic, 75018 Paris.
Tél. : 01 42 58 44 84
À Montmartre, le magasin de détail de l'excellent négociant Bernard Broquère embaume la rue Lepic de son florilège d'épices courantes ou rares vendues en vrac. Tout autour, les préparations préemballées de la maison et celles d'Albert Ménès, dont le piment d'Espelette, le « cinq épices », ou les merveilleuses pâtes de gingembre ou de baies roses, si pratiques à utiliser, dans des salades par exemple. Safran d'Espagne en filaments et vanille de Tahiti parachèvent le plaisir du connaisseur...

THE CONRAN SHOP
117, rue du Bac, 75007 Paris.
Tél. : 01 42 84 10 01
Le grand magasin parisien de Terence Conran ne vend pas (encore) d'épices au détail. Pourtant, l'amateur d'épices trouvera ici son bonheur grâce aux gourmandises gingembrées bien britanniques, aux pickles, aux *chutneys*, et surtout aux accessoires : petits bocaux à épices, vendus à l'unité ou, mieux encore, avec un rack en métal pouvant en contenir huit ou douze, « tubes à essai » pour épices avec leur bouchon de liège, vendus eux aussi à l'unité ou dans des présentoirs de douze, moulins à poivre et à muscade, mortiers de plusieurs tailles en belle terre cuite couleur sable.

EL HANA
26, place de la Chapelle, 75018 Paris.
Tél. : 01 42 05 66 14
Ahmed Koukouss vous accueille dans cette épicerie généraliste. Entre les sacs de riz, de fèves, de maïs et les produits ménagers, il vous propose aussi tout ce dont le Maghreb a besoin pour sa cuisine : épices traditionnelles, *ras el-hanout*, harissa, *mahaleb*, et même du safran du Maroc en vrac.

L'ÉPICIER CRÉOLE
11, rue Tholozé, 75018 Paris.
Tél. : 01 42 52 64 24 (ouvert du jeudi au samedi seulement)
Tout près du Moulin de la Galette, un charmant petit magasin fleurant bon la cuisine créole. Olivier Buchotte et son épouse d'origine malgache font connaître ici des épices méconnues de la « Grande Île », comme le délicieusement fruité *voatsiperifery*, variété de poivre ressemblant au poivre à queue. La maison compose ses propres mélanges. Le meilleur safran de la Mancha est à un prix très raisonnable, ainsi que les coffrets-cadeaux, ou les beaux petits mortiers en granit à environ 100 francs.

FAGUAIS
30, rue de la Trémoille, 75008 Paris.
Tél. : 01 47 20 80 91
Dans le délicieux arôme du café fraîchement torréfié qui demeure la grande spécialité de cette excellente épicerie fine, vous découvrirez le petit rayon épices : toutes les épices classiques s'y trouvent, dans de jolis petits flacons de 10 cl. La vanille Bourbon est ici vraiment merveilleuse, bien souple et grasse, et l'amateur hésitera longuement entre elle et celle de Tahiti...

SAVEURS DE PAINS D'ÉPICES

Né en Chine puis diffusé à travers l'Europe à partir du XVe siècle, le pain d'épices est une tradition aujourd'hui quasiment universelle. À Paris, le grand artisan pâtissier **André Lerch** vous propose « en saison », c'est-à-dire d'octobre à mars, de formidables pains d'épices alsaciens : le grand pain à dominante cannelle et aux écorces d'orange confites (vendu au poids), et les petits pains décorés, au chocolat ou à la confiture d'orange, à dominante girofle. À Dijon, la tradition du pain d'épices est incarnée depuis plusieurs décennies par la maison **Mulot et Petitjean**. La maison respecte l'immuable recette dijonnaise, avec l'anis comme seule épice : ses pains sont parfumés à l'anis et au citron ou, sous l'enseigne de sa filiale **Auger**, à l'anis et à l'orange. Bien que gardant des procédés de fabrication artisanaux, la maison produit cinq cents tonnes de pain d'épices par an, sous toutes ses formes (gros pains, moulés en forme d'animaux, fourrés aux fruits confits ou au cassis, etc.).

Lerch. 4, rue du Cardinal-Lemoine, 75005 Paris.
Tél. : 01 43 26 15 80.
Mulot et Petitjean. 13, place Bossuet, 21000 Dijon.
Tél. : 03 80 30 07 10
Auger. 61, rue de la Liberté, 21000 Dijon.
Tél. : 03 80 30 26 28
La maison vend par correspondance. Ses pains d'épices sont présents à Paris, à la Grande Épicerie de Paris (Le Bon Marché) et chez Lafayette Gourmet. À Lyon, vous les trouverez chez Lyon Gourmand, 84 rue Vendôme, 69006.

FAUCHON
26, place de la Madeleine,
75008 Paris.
Tél. : 01 47 42 60 11
Cette célèbre maison plus que centenaire propose un très vaste choix d'épices en flaconnets. Mais Fauchon se distingue surtout par ses produits préparés : huiles au curry pour les grillades ou au piment pour les pizzas, moutarde à l'anis étoilé pour le poisson ou les salades, moutarde aux baies roses pour les viandes, vinaigres au safran ou au poivre vert...

FOUQUET
22, rue François-1er, 75008 Paris.
Tél. : 01 47 23 30 36
36, rue Laffitte, 75009 Paris.
Tél. : 01 47 70 85 00
Ce vénérable confiseur-épicier né en 1852 propose une vaste gamme de très belles épices, emballées pour la plupart dans des petits flacons de 10 cl, dont le très coloré mélange de poivres « Perroquet ». Nombreux *chutneys* et moutardes pour accompagner vos plats.

THE GENERAL STORE
82, rue de Grenelle, 75007 Paris.
Tél. : 01 45 48 63 16
30, rue de Longchamp, 75116 Paris.
Tél. : 01 47 55 41 14
Ce spécialiste de l'alimentation américaine vous suggère d'utiliser de belles couronnes ou guirlandes de gros piments anchos en décor. Vous trouverez ici quelques épices de la maison américaine Spice Islands (dont une puissante cannelle casse que les Américains de Paris viennent chercher ici). La maison vous invite à déguster un grand nombre de sauces et condiments pour les spécialités américaines et tex mex. Ici, le *jalapeño*, piment roi du Mexique, est également proposé en gelée, pour une dégustation sur cracker enduit de fromage blanc. Emportez aussi des chewing gum à la cannelle ou, à l'automne, un *pumpkin pie spices*, mélange qui parfumera la traditionnelle tarte au potiron de la fête d'Halloween.

GOUMANYAT & SON ROYAUME
7, rue de la Michodière, 75002 Paris.
Tél. : 01 42 68 09 71 (ouvert du lundi au samedi de 14 h à 20 h).
Les amateurs d'épices trouveront ici l'excellence à un prix décent. Jean-Marie Thiercelin, fournisseur des grands chefs français et de quelques épiceries fines renommées, propose ici aux particuliers, dans un état de fraîcheur et de qualité incomparables, toutes les épices, même les plus rares, et tous les mélanges classiques. Le meilleur safran (de la Mancha) est également disponible chez cet héritier d'une célèbre maison de négoce de safran fondée en 1809... Tous les produits sont soigneusement emballés et datés. Huiles, vinaigres, moutarde au safran et autres épiceries fines combleront les gourmets.

LES ÉPICES DES PARFUMS

Depuis la plus haute antiquité, le capiteux arôme des épices reines entre dans la composition des meilleurs parfums. Aujourd'hui encore, des essences naturelles d'épices permettent aux parfumeurs de donner à leurs créations un fort caractère : la vanille bourbon donne toute sa profondeur au **Shalimar** de Guerlain, la cannelle toute son ambiguïté au **Poison** de Dior, la cardamome tout sa personnalité orientale aussi bien au **Jungle « L'Éléphant »** de Kenzo qu'à **L'eau d'Hermès** ou à **Elle et Lui** de Emporio Armani, le cumin tout son piquant anisé au **Mâle** de Jean-Paul Gaultier, le girofle tous ses effluves d'œillet délicatement poivré à **L'air du temps** de Nina Ricci ou **Armani pour Homme**, et la muscade toute sa richesse aromatique à **Cacharel Homme**. La palme revient peut-être à la maison Gucci, qui grâce à son **Envy for men** distille une senteur où se mêlent, entre autres végétaux, du gingembre, de la muscade et du piment.

LA GRANDE ÉPICERIE DE PARIS
(LE BON MARCHÉ)
38, rue de Sèvres, 75007 Paris.
Tél. : 01 44 39 81 00
Un paradis pour l'amateur de bonnes épices. Outre la gamme d'Albert Ménès, il savourera ici l'enchantement du rayon des épices en vrac, très complet et bien présenté, dans un parfait état de fraîcheur. Notez que les épices vous sont vendues après avoir été emballées dans un petit sachet papier plastifié. Vous pourrez trouver ici, rares merveilles, des gousses de vanille givrées, les plus douces et pénétrantes qui soient. Les autres rayons réservent quelques autres excellentes surprises : sauces et condiments des gastronomies américaine, indienne, chinoise... et même britannique, avec ce pur délice qu'est le picalilli. Et n'oubliez pas le rayon frais pour quelques jolis petits piments.

HEDIARD
21, place de la Madeleine, 75008 Paris
(et trois autres adresses à Paris).
Tél. : 01 43 12 88 88
L'une des institutions gourmandes de la place de la Madeleine offre un magnifique choix d'épices. Une grande table couverte de beaux casiers de rotin et de bocaux de verre, chacun empli d'une épice belle et fraîche, vous attend ici. On retrouve une gamme complète d'épices en petits flacons de verre, comprenant en plus du vadouvan. Hédiard propose aussi ses propres mélanges, comme l'Alexandrie, comprenant dix épices, recommandé pour les plats mijotés ou pour laquer les aliments à frire (demandez la petite brochure des quatre recettes pour utiliser ce mélange), ou comme le Louisiane pour viandes grillées ou rôties. Dans ce même royaume des épices, vous découvrirez de nombreux condiments, achards, chutneys, moutardes, huiles pour pizza, etc. Au rayon des légumes frais, vous choisirez un magnifique gingembre, ou de beaux piments, dont le fameux et incendiaire « bonda a Man Jacques » antillais (étiqueté « piment de la Martinique »).

HERATCHIAN
6, rue Lamartine, 75009 Paris.
Tél. : 01 48 78 43 19
L'une des plus célèbres épiceries arméniennes à Paris comprend un petit pan de mur d'épices, juste à droite après l'entrée. Toutes sont présentées dans des bocaux et vendues en vrac. La maison est réputée pour la qualité de son paprika.

IZRAEL
30, rue François-Miron, 75004 Paris.
Tél. : 01 42 72 66 23.
(voir photo pages 56-57)
Dans la meilleure épicerie de Paris, dans une véritable senteur enivrante d'épicerie orientale à l'ancienne, il était normal que le rayon épices fût parfait. Elles sont toutes là, très belles et très fraîches, le plus souvent emballées dans des sachets en plastique de 100 grammes, alignés dans une étagère ou engrappés au comptoir. Aucune des meilleures ne manque à l'appel. On trouve notamment les épices exceptionnelles : galango, fèves tonka, sumac... Signalons aussi les excellents mélanges préparés avec art (gastronomique et décoratif) par Madame Solsky. En saison, le magasin se décore de cordes de piment d'Espelette frais. Monsieur Solsky vend aussi des boîtes à épices indiennes de toutes tailles... et même des râpes en bambou pour gingembre frais.

MAISON D'AFRIQUE
76, rue Doudeauville, 75018 Paris.
Tél. : 01 42 54 78 22
Dans ce supermarché d'alimentation africaine, les épices (toutes en sachets de 100 g) sont placées juste au-dessus d'un grand bac où s'entassent des poissons séchés. C'est donc en goûtant un puissant fumet plutôt marin que vous choisirez parmi toutes les épices classiques. Beaux piments antillais au rayon frais.

MARKS AND SPENCER
35, boulevard Haussmann,
75009 Paris.
(et plusieurs autres adresses à Paris)
Tél. : 01 47 42 42 91
Le grand magasin britannique de Paris ne vend pas d'épices, certes, mais de nombreux délices épicés : des *chutneys* (à la tomate, à la mangue, aux fruits), des pickles (oignon, betterave), et *of course* des biscuits, gâteaux et confiture au gingembre. On trouvera aussi du *fruit mincemeat*, un mélange de fruits confits et de muscade dont on garnit des tartelettes, et le merveilleux piccalilli, condiment acidulé aux légumes et aux épices pour accompagner surtout les viandes froides.

MASSIS BLEUE
27, rue Bleue, 75009 Paris.
Tél. : 01 48 24 93 86
Une belle épicerie à devanture toute bleue. M. Baltaian a décidé de cacher un peu derrière un grand frigo une bonne part de ses épices, vendues en vrac et présentées dans des grands bocaux de verre. Du côté des mélanges, on trouve du *zathar* et un « sept épices » fort prisé au Liban.

ALBERT MÉNES BOUTIQUE
41, boulevard Malesherbes,
75008 Paris.
Tél. : 01 42 66 95 63
Vous trouverez ici la gamme complète des excellentes épices de la maison Ménès, ainsi que gâteaux au gingembre, pain d'épices, la sauce pour viande au poivre vert ou la Neptune pour poisson au safran, la pâte de curry, les achards, les *chutneys*, la purée de piment, les irrésistibles mini-pots de moutarde aux baies roses ou au cinq-épices... Profitez-en pour vous offrir ce drôle de petit gadget, un moulin américain à pression, le « PepperBall », qui par sa forme, ses couleurs et son ingénieux système, apporte une note de gaieté sur une table.

MEXI & CO.
10, rue Dante, 75005 Paris.
Tél. : 01 46 34 14 12
Voici le petit temple de la cuisine mexicaine à Paris (voir recette page 166). Car où trouver, ailleurs que dans cette petite épicerie-restaurant, quarante piments mexicains différents, emballés en petits sachets, plus une dizaine en boîtes ? Les « hot sauces » pour accompagner les plats sont une dizaine, dont la verte à base de habanero. L'autre épice reine du Mexique, le cumin, est ici d'une grande qualité. Pour les *moles*, Mexi & Co diffuse de bien pratiques pâtes pour mariner la viande. On ne manquera de repartir avec une bouteille de mezcal au piment, ou avec un petit mortier en pierre pour piler ses épices, réplique des mortiers mayas.

LE PETIT BLEU
21, rue Jean-Pierre-Timbaud,
75011 Paris.
Tél. : 01 47 00 90 73
Un charmant magasin spécialisé dans les senteurs exquises, qui fleure bon le savon parfumé. On y trouve la gamme « Quai des épices » de la maison Le Jardin de l'Olivier : toutes les épices traditionnelles, plus une poudre à colombo, deux currys et du curcuma. Huit d'entre elles peuvent êtres rassemblées dans un mignon coffret cadeau en bois rose.

LA ROUTE DES ÉPICES
197, rue du Faubourg-Saint-Denis,
75010 Paris.
Tél. : 01 46 07 83 12
Légèrement grisé par la musique indienne, vous trouverez ici un grand nombre d'épices pour les mélanges traditionnels des cuisines indienne et antillaise. Des mélanges d'épices sont également proposés tout prêts : plusieurs masalas, des massalés de la Réunion, de la poudre à Colombo. Du côté des bocaux, le choix est tout aussi imposant : sauces piquantes, achards, pâte d'ail et gingembre (très utile pour de nombreuses recettes indiennes), *chutneys*, *sambals* pour amateurs de sensations fortes.

SHAH & Cie
33, rue Notre-Dame-de-Lorette,
75009 Paris.
Tél. : 01 42 85 55 16
Malgré sa petite superficie, ma préférée des épiceries indiennes de Paris (qui est aussi un traiteur). Grandes qualité, fraîcheur et propreté des épices garanties par une date limite d'emploi sur chaque sachet. On appréciera les deux spécialités « maison » : deux currys en poudre, l'un pour la viande, l'autre pour le poisson. Les Goulam proposent aussi un mélange pour le thé. Le curry de Madras (plutôt doux) et le *garam masala* sont eux aussi « maison ». Signalons encore un *pan masala* pour se rafraîchir le palais en fin de repas.

LES BONNES SENTEURS DE LA MAISON

Les épices n'embaument pas que la cuisine, mais aussi toute la maison grâce aux bougies parfumées, aux parfums d'ambiance et aux pots-pourris. **L'Artisan Parfumeur** propose, dans sa gamme « Terre d'épices », deux merveilleux parfums d'ambiance : « Thé et pain d'épices » et « Ile Bourbon » aromatisé à la vanille. Les deux parfums se déclinent en bougie, parfum à diffuser et parfum à pulvériser. À l'occasion de l'Exposition mondiale de Lisbonne, la maison lance « Navegar », parfum en série limitée créé autour du thème de la route maritime des épices, à notes de poivre, de badiane et de gingembre, qu'on trouve aussi en bougie. La maison **Diptyque** propose, parmi ses nombreuses bougies, une parfumée à la cannelle. Spécialiste des parfums d'ambiance, **Jean F. Laporte** suggère de pulvériser chez soi quelques notes de « Géranium » et de « Bois précieux », tous deux rehaussés d'épices, de « Gousse » à la vanille et au santal, ou de « Rose poivrée ». Chez **Nature et Découvertes**, la gamme « Mémoire d'un instant » décline bougies, concentrés de parfum et encens avec pour certains des notes de vanile ou de cannelle.

L'Artisan Parfumeur.
24, boulevard Raspail, 75007 Paris.
Tél. : 01 42 22 23 32
(et de nombreux autres magasins à Paris et en France).
Diptyque.
34, boulevard Saint-Germain,
75005 Paris.
Tél. : 01 43 26 45 27
Jean F. Laporte.
84 *bis*, rue de Grenelle, 75007 Paris.
Tél. : 01 45 44 61 57
Nature et Découvertes.
Carrousel du Louvre.
Tél. : 01 47 03 47 43
(et de nombreux autres magasins à Paris et en France).

SHAMINA
184, rue du Faubourg-Saint-Denis,
75010 Paris.
Tél. : 01 40 35 44 41
Tout vibrant de musique indienne, Shamina n'est pas qu'un magasin d'alimentation : bijouterie, habillement et vidéo précèdent l'épicerie. Rien ne manque pour la cuisine indienne, de l'anis étoilé au vadouvan. Condiments (*chutneys*, achards, etc.), et masalas sont en grand nombre.

SIVA & BROTHERS
64, rue Louis-Blanc, 75010 Paris.
Tél. : 01 42 09 09 46
Dans la rue des Tamouls de Paris, vous attend un grand supermarché tout neuf et propre. Toutes les épices sont belles et emballées dans des sachets de 200 g. La maison propose aussi un très vaste choix de bocaux : *chutneys*, pickles, pâte de crevettes pimentée, pâte pour marinades, achards.

LE SOUK
1, rue Keller, 75011 Paris.
Tél. : 01 49 29 05 08
Cet excellent restaurant marocain, ouvert l'après-midi comme salon de thé (de 15 h à 19 h), vend aussi des épices. De la rue, on les voit magnifiquement exposées en devanture, dans des bacs ou des corbeilles. Elles sont vendues en vrac. Vous les trouverez toutes ici, et particulièrement celles des cuisines du Moyen-Orient, dont le mystérieux mélange *ras el-hanout*.

ÉPICES ET CHOCOLATS

Le chocolat pimenté était la boisson préférée des empereurs et des nobles aztèques. Il est vrai qu'épices et cacao semblent nés pour s'entendre, tant leurs saveurs s'assemblent avec subtilité... grâce aux meilleurs chocolatiers. Commençons par le grand **Robert Linxe**, de la Maison du Chocolat : son « Flamenco » au basilic contient aussi quelques touches à peine perceptibles de cardamome et de safran. Son « Maïko » délivre un souffle de gingembre, tandis que son « Guayaquil » porte un peu de vanille. Son chocolat à la cannelle, enfin, atteint des sommets d'équilibre au palais. Tout comme d'ailleurs celui de **Bernachon**, le maître lyonnais, qui propose une tablette de chocolat noir à la cannelle et également de fondantes truffes parfumées avec la même épice douce. **Bernard Dufoux** a mis au point des chocolats épicés destinés à l'apéritif, comme les palets à la cardamome, le « Macis » ou le « Garam Masala ». Chez **Durand**, à Rennes, les petits chocolats aux épices sont nombreux et succulents : les amateurs de café à la cardamome seront comblés avec le « Liban », et de thé à la cannelle avec le « Cannelle ». Les voyageurs partiront au « Viet-nam » (gingembre et citronnelle) ou en « Guyane » (muscade, cannelle et vanille). C'est en attendant le bateau pour Belle-Île que j'ai découvert à Quiberon **Henri Le Roux**. Divin chocolatier-caramélier, il vous propose un praliné aux amandes parfumé aux quatre-épices, un « Vert-Galant », qui est une tranche de gingembre confit enrobée de chocolat amer (un parfait anti-mal de mer), un « Széchwan », ganache au poivre du même nom sur un socle de nougatine.

La Maison du chocolat
225, faubourg Saint-Honoré,
75008 Paris.
Tél. : 01 42 27 39 44
Bernachon
42, cours Franklin Roosevelt,
69006 Lyon. Tél. : 04 78 24 37 98
Bernard Dufoux
32 et 40 rue Centrale,
71800 La Clayette.
Tél. : 03 85 28 08 10
Durand
5, quai Chateaubriand,
35000 Rennes.
Tél. : 02 99 78 10 00
Henri Le Roux
18, rue du Port-Maria,
56170 Quiberon.
Tél. : 02 97 50 06 83

SPÉCIALITÉS ANTILLAISES
16, boulevard de Belleville,
75020 Paris.
Tél. : 01 43 58 31 30
Le plus réputé des restaurants antillais de Paris fait aussi épicerie : vous trouverez ici tout ce qu'il faut pour la cuisine antillaise, certes, mais aussi celle, très proche du point de vue gastronomique, de la Réunion et de Maurice. L'avantage de l'épicerie-restaurant est que les vendeuses et vendeurs sont très experts en cuisine et peuvent vous donner tous les « tuyaux » utiles pour réussir votre plat.

TANG FRERES
48, avenue d'Ivry, 75013 Paris.
Tél. : 01 45 70 80 00
Autre adresse : 168, avenue de Choisy, 75013 Paris.
Dans ce célèbre et vaste supermarché chinois, le plus intéressant n'est pas les épices classiques préemballées (en grand nombre et de marques françaises courantes), mais d'une part le rayon frais avec ses très beaux tamarins, piments et gingembres, et d'autre part les sauces et les condiments importés de Chine : la gamme Lee Kum Kee, entre autres, contient d'indispensables ingrédients épicés pour une bonne cuisine asiatique : purées d'ail ou de piment, sauce Sechuan pour les pâtes pimentées, sauce douce au piment rouge, etc. Les amateurs de gingembres confit et cristallisé seront aussi comblés.

THANKSGIVING
14, rue Charles-V, 75004 Paris.
Tél. : 01 42 77 68 29
Contiguë au restaurant américain du même nom, cette épicerie spécialisée en produits cajun, tex mex, et plus généralement du sud des États-Unis, propose, importée d'outre-Atlantique, une gamme très complète de sauces et condiments pour cette cuisine en général assez relevée : assaisonnements en sachets pour guacamole ou tacos et mélanges d'épices en sachets pour jambalaya (sorte de paella) sont quelques-uns des produits phares de la maison, avec cette version plus douce et fruitée du Tabasco, la Louisiana Gold.

VELAN
83-87, passage Brady, 75010 Paris.
Tél. : 01 42 46 06 06
À Paris, le passage Brady est comme une ruelle de Delhi ou de Bombay transplantée par miracle. Mais chez Velan, on ne trouve pas que les ingrédients nécessaires à la cuisine indienne : amateurs de mets antillais, mauriciens et chinois sont aussi comblés, ou presque. Outre une gamme complète d'épices en sachets, vous vous laisserez tenter par les mélanges d'épices « maison » pour currys. En bocaux vous attendent toutes sortes de sauces et de condiments, d'origine indienne, thaïlandaise ou antillaise.

PROVINCE
(par ordre alphabétique des villes)

JACQUÈMES
9, rue Méjanes,
13100 Aix-en-Provence.
Tél. : 04 42 23 48 64
Chez Jacquèmes, maison fondée en 1910, on trouve absolument toutes les

épices. Le choix est tout aussi vaste du côté des mélanges : outre la gamme Fauchon, on trouvera les préparations de toutes les régions du monde. La plupart des épices sont vendues pré-emballées ou en vrac.

KERJEAN
79, rue de Siam, 29200 Brest.
Tél. : 02 98 44 36 71
Dans la célèbre rue de Siam, Marcel Kerjean se vante à juste titre de pouvoir vous faire faire le tour du monde en quatre-vingts épices... de la meilleure qualité. Elles sont toutes là, emballées ou en vrac, et leurs provenances bien indiquées.

GAUCHER
32, rue du Cheval-Blanc,
63000 Clermont-Ferrand.
Tél. : 04 73 37 47 05
Une bonne et vieille maison qui ne cesse de compter davantage de fidèles. Ils trouvent ici environ trente à quarante épices de première qualité. Six différents currys sont proposés. La maison compose elle-même un mélange pour pain d'épices (cannelle, girofle, badiane, gingembre, muscade et cardamome), et un excellent mélange « poivres du monde ».

JEAN-PIERRE BRESSON
2, rue Auguste-Gaché,
38000 Grenoble.
Tél. : 04 76 44 42 08
Une formidable épicerie à l'ancienne, où les épices, vendues en vrac, sont présentées dans de vieux bocaux en verre alignés sur des étagères en bois. Une cinquantaine attendent l'amateur, dont les plus originales comme le poivre cubèbe, et les meilleures comme le piment d'Espelette. Jean-Pierre Bresson crée lui-même ses mélanges, dont un tout spécialement conçu pour le pain d'épices (cannelle, girofle, coriandre, badiane, gingembre).

MAISON PONS
24, rue du Temple, 17000 La Rochelle.
Tél. : 05 46 41 35 73
Renommée pour la qualité et la variété de ses fruits, cette vénérable maison de la rue du Temple vous offre aussi, en saison, l'opportunité de goûter au piment d'Espelette tout frais, vendu en corde. Quelques bonnes épices en vrac ou préemballés vous attendent aussi.

BAHADOURIAN
20, rue Villeroy, 69003 Lyon.
Tél. : 04 78 60 32 10
Autre magasin aux Halles :
102, cours Lafayette, 69003 Lyon.
Tél. : 04 72 84 86 86
Dans le quartier cosmopolite de la place du Pont, la famille Bahadourian règne sur le monde des saveurs orientales depuis 70 ans. L'épicerie est un vaste supermarché, et le coin des épices propose le plus grand choix possible en cette matière : une centaine, sans compter les mélanges. Ici la harissa toute fraîche est faite maison et vendue soit en vrac soit en petits pots. Parmi les produits importés, on trouve plusieurs currys, toutes les pâtes d'épices indiennes ou indonésiennes, une « moutarde créole » au piment, et même une huile au gingembre. L'autre magasin, aux Halles, propose un choix légèrement plus restreint. Mais dans les deux, vous trouverez le précieux livre d'Armand Bahadourian *Épices et aromates*.

ARAX
24, rue d'Aubagne, 13001 Marseille.
Tél. : 04 91 54 11 50
Arax fête son 70e anniversaire. Un magasin du quartier Noailles, le mieux embaumé de Marseille, où toutes les senteurs d'Orient se confondent : M. Bandikian vend ici en vrac et au poids plus d'une centaine d'épices.

L'UNIVERS ALIMENTAIRE
34, rue d'Aubagne, 13001 Marseille.
Tél. : 04 91 33 77 49
Voisin du précédent dans le quartier Noailles, Redha Zerzeri vous accueille dans sa caverne d'Ali Baba où vous attend un impressionnant choix d'épices et de mélanges, la plupart vendus en vrac et présentés sur un grande table au centre du magasin.

PINTO
14, rue de l'Argenterie,
34000 Montpellier.
Tél. : 04 67 60 57 65
L'une des plus magnifiques épiceries fines de France, au seuil toujours orné de grands sacs de graines, de fruits et d'épices. Cette maison propose depuis plus de quarante ans toutes les épices, dont les plus rares. Elles sont vendues au poids ou en petits sachets de 80 grammes. Né dans les senteurs d'épices du Maroc, le maître des lieux, Gérard Pinto, confectionne lui-même toute une gamme de mélanges parfaits pour grillades, poissons ou pains d'épices (pour ce dernier, il marie cannelle, anis, girofle et gingembre).

AUX BONNES OLIVES
2 *bis*, rue Paratilla, 66000 Perpignan.
Tél. : 04 68 34 62 08
Dans ce temple méditerranéen de l'olive et de l'anchois, qui fête son cinquantenaire, plus de 70 épices diffé-

LE THÉ DES ORIGINES

En Chine, le thé fut d'abord préparé à l'aide de gingembre. En Inde, depuis toujours, on parfume le thé à la cardamome, aux clous de girofle, à la cannelle (en faisant bouillir au préalable l'eau de l'infusion avec l'épice, ou en ajoutant une pincée d'épice moulue dans la théière), ou avec un masala pour le thé pouvant comprendre, outre les trois épices citées, de la muscade, du gingembre et du poivre. Déguster du thé aux épices, c'est donc connaître le thé des origines. Les meilleures boutiques de thé en proposent de nombreuses versions. Chez **Betjeman and Barton**, l'amateur devra essayer absolument le bien girofle « thé aux épices », et goûter aussi au plus doux « Thé Kipling », qui contient de la cannelle, de la cardamome et de la muscade. Chez **Mariage Frères**, le choix est comme toujours aussi vaste qu'enchanteur : des simples thés parfumés (à la cannelle, à la cardamome, au gingembre, etc.) aux mélanges les plus sophistiqués comme le « Mandalay », qui comprend de la cannelle de Birmanie, de la cardamome du Cambodge, du poivre de Sechuan et du girofle... **Les Contes de Thé** propose « Christmas tea » à la cannelle, à la cardamome et au girofle, ainsi qu'un « Thé de Noël » comprenant cannelle et gingembre. Mais son plus épicé demeure le thé « Massala », aromatisé grâce à un complexe mélange à l'indienne. Autre excellente maison, **Le Palais des thés** permet de découvrir des thés à la cannelle, à la cardamome, aux « épices de Chine », au gingembre, et plusieurs mélanges parfumés aux épices.

Betjeman and Barton
23, boulevard Malesherbes,
75008 Paris - Tél. : 01 42 65 86 17
Les Contes de Thé
60 rue du Cherche-Midi,
75006 Paris - Tél. : 01 45 49 47 60
Mariage Frères
30, rue du Bourg-Tibourg,
75004 Paris
Tél. : 01 42 72 28 11 (deux autres salons de thé-boutiques à Paris et plusieurs points de vente en province).
Le Palais des thés
35, rue de l'Abbé-Grégoire,
75006 Paris - Tél. : 01 45 48 85 81
(et cinq autres boutiques à Paris et en province).

rentes vous attendent aussi, et tous les mélanges dont le mystérieux *ras el-hanout*. Ils sont vendus emballés ou en vrac.

LE COMPTOIR
5, rue des Merciers,
35400 Saint-Malo.
Tél. : 02 99 40 98 25
Également : Les Halles centrales,
35000 Rennes.
Tél. : 02 99 79 66 11
Ces deux comptoirs font revivre avec passion l'aventure des Bretons coureurs d'épices. Les épices (une centaine) sont vendues en vrac ou dans des tubes de verre qui les mettent bien en valeur et donnent envie de faire des cadeaux.
On trouve ici aussi deux mélanges extrêmement subtils mis au point par le chef Olivier Rœllinger, le « Retour des Indes » à treize ingrédients pour son fameux saint-pierre, et le « Grande Caravane » à onze ingrédients pour sa non moins célèbre selle d'agneau de pré-salé à la broche.

LA BOUTIQUE D'ANTOINE WESTERMANN
1, rue des Orfèvres,
67000 Strasbourg.
Tél. : 03 88 22 56 45
C'est à la demande de ses clients du restaurant Buerehiesel que le chef Antoine Westermann a ouvert cette épicerie fine où l'on trouve un excellent choix d'une cinquantaine d'épices. La maison compose aussi ses propres mélanges pour viandes, volailles ou poissons.

LA VANILLE DES VAHINÉS

Contenant moins de vanilline mais plus d'héliotropine que la vanille Bourbon classique, la vanille de Tahiti est rare, chère, mais à ce point délectable que de grands chefs cuisiniers et pâtissiers se l'arrachent.
Peu d'épiceries fines vous la proposent régulièrement. Si vous avez du mal à vous en procurer, adressez-vous donc directement à son principal importateur en France :
Pacifique Sud,
Parc d'Activités de Gemenos,
800 avenue du Château de Joucques, 13420 Gemenos.
Tél. : 04 42 32 02 79
Fax : 04 42 32 00 43.

ÉTATS-UNIS

KALUSTYAN'S
123 Lexington Avenue, New York, N.Y. 10016.
Tél. : 00 1 212 685 3451
Dans un sublime concentré d'arômes, la meilleure épicerie orientale de Manhattan propose une très bonne gamme d'épices fraîches. On trouve ici pas moins de dix pâtes de curry différentes. Au rayon des bocaux et des conserves, le choix des préparations est aussi vaste : sauces au piment, au curry, au poivre, crèmes de safran...

GRANDE-BRETAGNE

BLUEBIRD GOURMET SHOP
350 King's Road, London SW3 5UU.
Tél. : 00 44 171 559 1000
Dans la merveilleuse boutique de Terence Conran, on trouve un très grand choix d'épices et des sauces fortes pour varier les menus : une Zulu Fire sauce d'Afrique du Sud, par exemple, qui, mélangée à du yaourt et du gingmbre râpé, fera une délicieuse marinade pour le poulet. Sauces mexicaines et pickles de fruits sont abondants. On ne résistera pas non plus à un collier de piments de la Rioja, aussi délicieux que décoratifs.

FORTNUM & MASON
181 Piccadilly, London W1A 1ER.
Tél. : 00 44 171 734 8040
L'originalité de cette célèbre maison londonienne se trouve surtout dans les différents currys, dans les sauces épicées des gastronomies exotiques et dans les huiles et les vinaigres aux épices. Au rayon pâtisserie, vous trouverez un extraordinaire « Grasmere gingerbread », dont la recette est gardée secrète depuis 130 ans...

HARRODS
Knightsbridge, London SW1X 7XL.
Tél. : 00 44 171 730 1234
Vous trouverez dans les réputés Food Halls un choix d'épices préemballées en flacons et surtout de nombreux mélanges pour les cuisines thaï, indienne ou indonésienne, qui donnent l'envie d'un dîner exotique improvisé... Pâtes de curry, tandoori, chutneys et fruits épicés sont abondants.

JOY
511 Finchley Road, Hampstead,
London NW3 2BR.
Tél. : 00 44 171 435 7711
Autre magasin : Realfood,
14 Clifton Road, Little Venice W9

FRUITS ÉPICÉS

Fruits et épices s'assemblent aussi depuis toujours pour séduire nos papilles. Pour une compote ou une soupe de fruits, notamment de poires, de pêches ou de cerises, rien de tel que de parfumer l'eau de cuisson d'une pincée de poivre, d'une ondée de cannelle ou d'un soupçon de girofle.
Voici quelques accords bien éprouvés : l'**anis** et la **badiane** avec l'orange, la figue, l'ananas, la fraise ; la **cannelle** avec l'orange, la pomme, le cassis, la mûre, la poire, le pruneau, la prune, la figue, la cerise ; la **cardamome** avec la rhubarbe ; le **gingembre** avec l'ananas, la banane, la mangue, la papaye, la poire, la rhubarbe, le melon ; le **girofle** avec la poire, la pêche, la pomme, le brugnon, l'orange, le citron, la papaye, la figue ; la **muscade** avec la pomme, la papaye et les autres fruits exotiques ; le **poivre** avec la pomme, la fraise, l'ananas, la figue, le melon ; la **vanille** avec l'abricot, la pêche, la fraise, la poire, la pomme, la figue, l'ananas.
Mais vous pouvez trouver des fruits aux épices en bocaux prêts à l'emploi pour accompagner canard, porc ou gibier. La société **Équilibre**, épicerie fine de Biarritz a un choix intéressant de fruits et de vinaigres aux épices (voir page 81).

Une excellente maison, disposant toujours d'une large gamme d'épices (dont certaines « bio ») emballées ou en vrac, et de mélanges pour cuisines exotiques (*ras el-hanout*, harissa). Au rayon frais, du beau gingembre, du galanga, du tamarin, et même parfois des feuilles de curry.

LE PONT DE LA TOUR -
OILS & SPICES SHOP
36d Shad Thames, London SE1 2NQ.
Tél. : 00 44171 403 4030
Voici l'adresse parfaite : à l'endroit même des docks (Butlers Wharf) où l'East India Company déchargeaient ses cargaisons d'épices, l'autre épicerie fine conçue par Terence Conran propose une très large gamme d'épices, moulues ou entières, vendues en vrac. Mêmes les épices les plus rares vous attendent ici.

SELFRIDGES
400 Oxford Street, London W1A 1AB.
Tél. : 00 44 171 629 1234
Ce monument d'architecture et de consommation d'Oxford Street fête en 1999 ses 90 ans. Au rayon « Culinary World » du Food Hall, le comptoir des épices fraîches embaume. Une quarantaines d'épices sont proposées et, fait qu'il convient de souligner, toutes peuvent être moulues sur demande et à la quantité désirée.

CONFITURES AUX ÉPICES

Les épices n'entrent pas traditionnellement dans la fabrication des confitures, sauf le gingembre chez les Britanniques : les confitures de gingembre se trouvent chez les bonnes épiceries anglaises (à Paris, chez Marks and Spencer par exemple). Mais une renommée confiturière alsacienne, Christine Ferber (auteur d'un excellent *Mes confitures*, aux éditions Payot), n'a pas hésité à relever ses bons fruits aux épices fraîches et naturelles pour des petits-déjeuners ou des goûters aux saveurs moins routinières : elle vous propose deux confitures de fraises au poivre noir (et au miel ou à la menthe), des confitures de carottes ou de mirabelles à la cannelle ou à la cardamome, de quetsches ou d'églantines à la vanille. Essayez aussi ces deux délices aux coings : une confiture aux « épices de Nostradamus » (cannelle, cardamome, girofle et badiane) et une gelée aromatisées par un mélange « pain d'épices ». Christine Ferber concocte aussi de divins confits de fruits, ou des préparations de fruits aigres-doux, certains aux épices, pour accompagner éventuellement des plats salés : un confit de pêches jaunes au gewurtztraminer et aux clous de girofle, par exemple, pour sublimer une terrine de canard, ou des mûres des bois aigres-douces à la cannelle, au macis et au pinot noir, pour enrober une terrine de gibier ou tout simplement un bon conté...
Maison Ferber. 18, rue des Trois Épis, 68230 Niedermorschwihr. Tél : 03 89 27 05 69. (Quelques confitures de la maison sont également diffusées à Paris, chez le chocolatier **Jean-Paul Hévin**, 3 rue Vavin, 75006 ; chez **L'Ile Flottante**, 31 rue des Deux-Ponts, 75004, et chez **Lafayette Gourmet**.)

THE SPICE SHOP
1 Blenheim Crescent, London W11 2EE
Tél. : 00 44 171 221 44 48
Une très jolie boutique située en face de la célèbre librairie gourmande *Books for Cooks*. Vous trouverez ici naturellement toutes les épices, de surcroît magnifiquement présentées. Brigit Erath vous donnera de nombreux conseils d'utilisation et de préparation. À ne pas manquer lorsqu'on va chiner le samedi matin sur le célèbre marché de Portobello Road.

COURS PRATIQUES
MUSÉES ET ASSOCIATIONS

Les fous d'épices se réunissent, collectionnent, exposent, communiquent et enseignent. Voici quelques adresses pour les rencontrer, et pour vous initier à toutes les subtilités des épices.

ADAC
85, rue de Vaugirard, 75006 Paris.
Tél. (de 15 h à 18 h) : 01 42 22 37 41
Au sein des « Ateliers d'expression culturelle et de voisinage » de la Mairie de Paris, Dominique Bourrellier, botaniste gourmande, enseigne aux amateurs tout ce qu'il faut savoir sur les épices : botanique, histoire, culture, usages dans les différentes gastronomies. Les cours sont dispensés durant un trimestre ou une année.

AMERICAN SPICE TRADE ASSOCIATION
560 Sylvan Avenue. P. O. Box 1267. Englewood Cliffs. New Jersey 07632.
Tél. : 201 568 2163
Organisme professionnel fondé en 1907, l'ASTA est une association dédiée à la promotion de la consommation et de la qualité des épices. Elle diffuse un grand nombre de publications sur le sujet, techniques ou grand public.

L'ÉCOLE DES PLANTES
5, rue du Docteur-Roux, 75015 Paris.
Tél. : 01 40 65 91 84
La botaniste Clotilde Boisvert anime cette école où sont dispensés des cours de botanique-herboristerie, et de « gastrobotanique », pour amateurs ou professionnels. On peut donc y approfondir l'aspect scientifique des plantes en général, et des épices en particulier.

LA MAISON DE LA VANILLE
Vanillerie de Floris. 466, rue de la Gare. 97440 Saint-André (Ile de la Réunion).
Tél. : 02 62 46 00 14
Sur la côte est de la Réunion, la vanillerie de Floris est installée dans un splendide domaine créole. La visite guidée comprend les plantations de vanilliers, l'atelier de préparation artisanale des gousses, le jardin entourant la maison (qu'on ne visite pas) et l'aire de séchage au soleil, la présentation d'un petit film. La boutique permet de faire quelques emplettes, et la buvette de déguster...

MUSÉE DE L'ÉPICERIE D'AUTREFOIS
61190 Lignerolles
Tél. : 02 33 25 91 07
Emouvant hommage aux petits épiciers d'antan, dont il reconstitue le charmant et nostalgique décor, ce musée créé par Pierre Marzorati, installé dans un ancien relais de poste au cœur du Perche, regroupe vingt mille objets anciens : matériel d'épicerie, produits et emballages d'autrefois.

MUSÉE DU SAFRAN
21, route de Pithiviers, 45300 Boynes.
Tél. : 02 38 33 13 05
À 100 kilomètres de Paris, aux confins de la Beauce et du Gâtinais qui fut le cœur de la culture du safran en France, la petite ville de Boynes a créé en 1988 son musée du safran dans une très belle ancienne maison de marchands de vin. Pour tout savoir sur la vie des safranières d'antan. À la fin de votre visite, vous pourrez acheter un petit échantillon de safran du Gâtinais, l'un des meilleurs du monde, dont quelques kilos seulement sont produits chaque année (on en trouve également à la pharmacie de Boynes).

LA ROUTE DES ÉPICES
4, rue de la Cavalerie,
34000 Montpellier.
Tél. : 04 67 02 26 12
Association créée en 1986, « La Route des Épices » organise des expositions (« Le Jardin des épices », « La Nef aux parfums »...), des stages pour mieux connaître l'usage des épices, des ateliers pédagogiques en milieu scolaire, et toutes sortes d'événements gourmands...

HOT SPICE MUSEUM
Am Sandtorkai 32, 20457 Hamburg.
Tél. : 00 49 40 36 79 89
Installé dans l'une des plus anciennes maisons du « Speicherstadt »(les entrepôts) du port de Hambourg, ce musée est le seul au monde à présenter une collection de plus de cinq cents documents et objets concernant l'ensemble de l'univers des épices. Un grand nombre d'épices fraîches sont également présentées aux visiteurs, à fin d'initiation et de dégustation...

LES ÉPICES DES CHEFS

Tous les grands chefs français manient avec art les différentes saveurs des épices. Pour eux, elles sont des révélateurs dévoilant le goût des aliments, des éclairages qui font apparaître de nouvelles harmonies, mais aussi des fenêtres ouvertes sur le monde. Voici les grandes tables épicées de la gastronomie française.

Georges Blanc (Vonnas) n'utilise pas moins de seize ingrédients épicés, plus de l'ail, dans son très subtil « mariage d'épices ». Parmi eux, trois curry plus ou moins relevés, du macis, du poivre de Sechuan, du piment fort et de la cannelle. Et ce mariage enchante, chaque jour, un plat de la carte. Ce peut être une blanquette de grenouilles, un homard à la coque aux tomates confites et au vin jaune, ou plus simplement un gratin de courgettes.

Michel Bras (Laguiole, France) a une passion qu'il sait faire partager à ses hôtes : le « sucre-épice ». C'est ainsi qu'on déguste chez lui un pigeon rôti au genièvre, poivre, orange et sucre, et plusieurs autres merveilles où sucre de canne et épices s'épousent avec bonheur.

Avec **Alain Ducasse** (Le Louis XV, Monaco) et son second Franck Cerutti, il suffit presque d'énoncer le titre à rallonge des plats pour en goûter toute la somptueuse saveur. Qui résisterait à cet « Agneau de lait de l'arrière-pays niçois frotté de piment d'Espelette et de romarin, à la cheminée, sautée d'abats... » ou à ce « Foie gras de canard des Landes poêlé, céleri, betterave, pomme et poire fondantes, sauce dolce-forte », surtout lorsqu'on sait que cette sauce est une « réduction sirupeuse de jus d'orange et miel, mouillée de jus de canard, poivrée et épicée (coriandre, macis, gingembre, cannelle, poivre noir et sechuan) »... On en voudrait tout un roman !

Philippe Groult (Amphyclès, Paris) est un véritable amoureux des épices, qui compose lui-même avec un goût très sûr ses mélanges : c'est avec du lait de coco qu'il lie les six épices (cumin, paprika, girofle, cardamome, curry, cayenne) de son filet mignon. Un mélange cinq épices parfume aussi ses homards. Avec le canard, rien de tel, selon lui, que la coriandre : liés au miel, ses grains tissent au volatile un délicieux manteau. L'été voit naître un autre de ses chefs-d'œuvre : une salade de pêches au vin blanc, miel et neuf épices.

Philippe Jousse (Alain Chapel, Mionnay) considère à juste titre que jamais les épices ne doivent dissimuler le goût des aliments. Ce sont donc de délicats effluves d'anis vert qui caressent sa lotte à l'ail doux. On retrouve son goût pour l'anisé dans un millefeuille croustillant de poires rôties au chocolat à la badiane, et dans une glace au carvi.

DU SAFRAN DANS VOTRE JARDIN

Le *Crocus sativus*, l'une des rares épices qui s'épanouit en Europe du Nord, peut enrichir d'un magnifique mauve votre jardin. Des bulbes de safran sont en vente dans certaines graineteries. Pour être sûr qu'ils fleuriront, achetez plutôt courant août, quand s'annonce la floraison, des bulbes ayant au préalable subi un traitement thermique. Le terrain ne doit jamais être à l'ombre. Le sol doit être parfaitement drainé et éventuellement enrichi d'engrais organiques. Voici des graineteries qui vous en proposent : **Despalles**, 5, rue d'Alésia, 75014 Paris, Tél. : 01 45 89 05 31 ; **Clause Jardin**, 2 *bis*, quai de la Mégisserie, 75001 Paris, Tél. : 01 40 39 96 91.

LE RÉCONFORT DE L'HYPOCRAS

Les Grecs parfumaient leur vin au miel et à la cannelle, et Rabelais vantait les mérites de l'hypocras, vin sucré aux épices qu'on aromatisait au Moyen Âge de cannelle et de girofle. Si vous désirez vous en remettre à un bon professionnel du vin aux épices naturelles, n'hésitez pas à tenter l'un des « Élixirs » que **Chantal Comte** mitonne en son Château de La Tuilerie : son « Élixir de Carthagène », à base de grenache blanc, comprend de la badiane, de la baie rose et de l'anis, et se déguste glacé, en apéritif ou en dessert ; un autre Carthagène à base de grenache rosé est parfumé à la cannelle, vanille, muscade et poivre du Séchuan ; l'« Élixir des Mille et Une nuits », à base de syrah rouge, que vous siroterez glacé au dessert ou en digestif, vous enchantera par ses effluves de cardamome, de cannelle, de girofle et de poivre du Séchuan ; l'« Élixir des Sévillanes », un grenache rosé, comprend quant à lui de la vanille et de la muscade, et est recommandé en apéritif ou en cocktail avec du champagne.

En vente à Paris chez Fauchon, Hédiard, Izraël et de nombreux cavistes. Par correspondance : **Château de La Tuilerie**, Route de Saint-Gilles, 30900 Nîmes. Tél. : 04 66 70 07 52

Le vin aux épices — qu'on déguste frais l'été et chaud l'hiver — peut aussi naturellement être préparé à la maison. Voici une petite recette pour les deux saisons, recommandée par le grand épicier lyonnais Bahadourian : faites bouillir dans une grande casserole une mesure de deux verres d'eau avec 6 clous de girofle, 1 bâton de cannelle, 1 petit morceau de gingembre, 2 cuillerées à soupe de sucre, 2 zestes d'orange. Quand un sirop se forme, versez 1,5 litre de vin rouge et faites-le chauffer au maximum sans bouillir. Servir chaud ou bien frais, selon la saison.

Émile Jung (Au Crocodile, Strasbourg) vous invite à un impressionnant festival de saveurs : le foie d'oie poêlé et pommes reinettes au gingembre, le chapon poêlé au jus de carotte épicé, la blanquette d'agneau à la cardamome et au gingembre chatoient dans les assiettes. Émile Jung parfume aussi de paprika la choucroute de sa pintade au foie d'oie.

Michel Lorain (La Côte Saint Jacques, Joigny) n'utilise les épices que pour magnifier les saveurs des mets. Son « Canard croisé rôti entier » s'accompagne ainsi d'une sauce aux petits fruits et de légumes nouveaux au cumin. Quant à la saveur de son pigeon fermier, elle ne se révèle tout à fait qu'avec une sauce *chutney* aux pommes acides, à laquelle participent de nombreuses épices.

DU PIQUANT DANS LES COCKTAILS

Les épices donnent du piquant à trois grands cocktails classiques : l'**alexandra**, à base de lait, de cognac et de cacao, qui doit recevoir sa pincée de muscade ; le **porto flip** — jaune d'œuf, porto, cognac et sucre — qui lui aussi ne se conçoit pas sans muscade ; et l'universel **bloody mary** — tomate et vodka — que son inventeur Peter Petiot, barman au Harry's Bar, relevait avec du tabasco. Mais rien n'empêche d'imiter notre barman préféré, Bertrand Merlette (Hôtel Raphaël à Paris), qui a le très bon goût d'échanger le tabasco contre des petits piments oiseau, macérés dans la vodka, pour un bloody mary plus fruité.

Georges Paineau (Le Bretagne, Questembert) propose une admirable « Poitrine de pigeon rôtie aux épices » : un pigeon de ferme caressé d'un mélange d'épices et agrémenté d'une sauce à la cardamome et au girofle adoucie d'une pointe de miel. Quant au dessert, il vous propose l'arc-en-ciel parfumé de la « Glace aux épices douces », où le chef marie vanille, anis vert, safran, cannelle, poivre du Sichuan et paprika.

Alain Passard (Arpège, Paris) vous parle des épices avec émotion : « Épicer un plat, c'est le monter à son apogée. » Ce que l'on peut vérifier avec bonheur en dégustant un « Rognon de veau aux quatre épices », une « Fondue de blancs de poireaux à la muscade » et une magnifique « Poire rôtie confite au poivre noir ».

Chez **Jacques et Alain Pic** (Valence), c'est un plat de pigeon, accompagné de galettes de potiron, qui se parfume d'un beau bouquet d'épices : curcuma, cardamome, gingembre et coriandre, ajoutés en fin de préparation.

Olivier Rœllinger (Maisons de Bricourt, Cancale) officie dans sa cuisine avec quatre-vingts épices différentes. Son petit homard aux épices et sa selle d'agneau pré-salé (cuisinée avec une dizaine d'épices), entre autres délices, en ont fait une référence absolue de la gastronomie d'aujourd'hui (voir recette page 173).

Michel Trama (L'Aubergade, Puymirol) relève d'épices douces une fraîche salade de homard, et au dessert vous enivre d'une tourte aux pruneaux et à la cannelle ornée d'un beau confit de fleurs d'hibiscus (qui donnent en Orient le si agréablement acidulé carcadé), ainsi que d'un craquelin à la glace de pain d'épices, sublime saveur d'enfance.

Roger Vergé (Le Moulin de Mougins, Mougins) vous invite à l'enchantement d'une magnifique palette de parfums : sa fricassée de homard breton en crème de baies roses s'accompagne d'un riz à la cardamome, tandis que la macis aromatise ses escalopines de foie de canard. Le piment de la Jamaïque vient saisir un cœur de filet de bœuf à la sauce d'armagnac aux raisins de Corinthe. Pour le dessert, on succombe devant une poire comice au sirop de safran.

Marc Veyrat (Auberge de L'Éridan, Veyrier-du-Lac) ne séduit pas ses hôtes qu'avec les simples merveilleux de ses montagnes, puisqu'il leur offre aussi deux odes au carvi : un simple petit pain aux farines de campagne et de gruau, et au dessert une inoubliable gelée d'agrumes (citrons verts, oranges et pamplemousses) réchauffée par la petite graine noire.

PETIT GUIDE DES GRANDES MARQUES

Célèbres et souvent *leaders* dans leur pays, quelques grandes compagnies d'épices se partagent un marché toujours plus important. Voici les principales en Europe et aux États-Unis.

Albert Ménès
La maison Albert Ménès, fondée en 1921, a acquis une grande réputation en France. Présentée en flacons de verre, d'une grande qualité, sa gamme est aujourd'hui très complète, comprenant même des épices rares comme le piment d'Espelette ou la maniguette. La maison propose aussi un grand nombre de biscuits, sauces, condiments aux épices. Elle est présente en France dans la plupart des grandes surfaces (voir aussi « Les bonnes adresses » à Paris).

Cannamela
Très soucieuse de la qualité, de la propreté et de la bonne conservation de ses épices, la grande marque italienne propose une très large gamme de produits emballés avec beaucoup de soin : ses petits flacons de verre à capsule scellée pour fermeture hermétique conservent en toute fraîcheur cannelle, macis, paprikas doux et fort, poivres et piments. Les « *tappomacina* », flacons-moulins, sont très pratiques pour conserver et moudre les poivres, la muscade et les piments. La marque est présente dans de nombreux pays.

Ducros
Première en France et dans le peloton de tête des grands épiciers mondiaux, cette maison a été fondée en 1963 par Gilbert Ducros, puis cédée en 1992 à la multinationale Montedison. Ducros fournit la plupart des foyers français grâce à une gamme étendue d'épices et d'herbes, et un packaging astucieux : ses flacons-moulins à poivre font merveille, surtout avec un mélange cinq-baies dedans... Les produits Ducros sont vendus en grandes surfaces en France, mais aussi en Belgique, en Espagne, au Portugal, en Italie, en Pologne et au Moyen-Orient.

ISFI
Créée en 1982, la société ISFI a conquis le tiers du marché belge des épices grâce à une rigoureuse politique de qualité. Pour chaque épice, la maison ne propose que les meilleures origines (un poivre blanc Muntok, par exemple), emballées dans des petits flacons de verre de 10 cl. En dehors de la Belgique, ISFI est présente dans les grandes surfaces en Espagne, au Liban, au Japon et dans les DOM-TOM.

McCormick
Mc Cormick & Company Inc. est la première compagnie mondiale d'épices. Fondée à Baltimore dans le Maryland

en 1889, elle est aujourd'hui présente dans de nombreux pays (sous les noms de Schwartz en Grande-Bretagne et de Club House au Canada).
Aux États-Unis, ses produits sont vendus sous son nom à l'Est, et sous la marque Schilling à l'Ouest. Les épices sont proposées en petits flacons transparents, et la gamme est très complète.

Nordfalks
Présente dans toute la Scandinavie, la compagnie suédoise Nordfalks, fondée en 1946, est célèbre pour son excellente marque « Santa Maria », tout spécialement destinée aux gastronomies exotiques. Nombreuses épices mais aussi mélanges, sauces, marinades, permettent ainsi aux Scandinaves de réussir chez eux les spécialités indonésiennes, tex-mex, indiennes ou thaï. Ses produits tex mex sont également distribués en Autriche, Espagne, Grande-Bretagne, Irlande et Pays-Bas.

LES ÉPICES D'INTERNET

On parle beaucoup des épices sur la « toile » aux États-Unis, de nombreux épiciers et fabricants de sauces et condiments possédant leur site internet, et le thème étant régulièrement abordé dans les forums de discussion. Néanmoins, les sites les plus instructifs semblent plutôt européens : en Autriche, Gernot Katzer anime un site passionnant, en allemand, où plus d'une centaine de plantes aromatiques et d'épices sont référencées et décrites (botanique, médecine, usages culinaires, etc.) : **bkfug . kfunigraz . ac . at / ~ katzer / engl / index . html**. Créé au printemps 1998 par le spécialiste des produits créoles Olivier Buchotte, un site donne la traduction en français des pages de Gernot Katzer, et apporte en outre de nombreuses informations sur la culture et la cuisine créoles : **epicier . com**. Un autre site français, lui aussi très encyclopédique sur les cuisines exotiques et le monde des épices (chacune d'entre elles, et les principaux mélanges, ayant droit à une monographie), a été créé par une passionnée des épices, Mme Neveu. Remarqué et félicité par les revues spécialisées, il reçoit environ 7 000 visiteurs par mois : **epices . com**.

MOULINS ET MORTIERS

Il peut coûter de 80 à 900 francs. Il peut être en bois naturel ou teint, en acrylique transparent ou coloré, à va-et-vient ou à manivelle. Il peut mesurer de 7 à 40 centimètres de haut, être cylindrique, sphérique, cubique ou tarabiscoté... Peu importe : la seule chose qui compte, pour un moulin à poivre (qui moudra tout aussi bien mélanges cinq baies, baies roses, fenugrec, graines de coriandre, etc.) est la qualité de son mécanisme de broyage. Il convient de ne choisir qu'un mécanisme en acier traité, autrement dit d'éviter la fonte ou le plastique qui s'usent très vite. En France, deux maisons proposent des moulins irréprochables : **Peugeot** et **Marlux**. La première garantit à vie ses mécanismes en acier à double rangée de dents hélicoïdales, qui permettent de régler la finesse de la mouture (fine pour les soupes, les filets de poisson, les omelettes, les fruits ; moyenne pour les salades, les viandes grillées ou rôties, les légumes ; grosse pour les marinades, les steaks au poivre). Marlux, quant à elle, fabrique des moulins un peu moins chers. On note dans sa gamme un moulin spécialement conçu pour la mignonnette du steak au poivre et un très ingénieux et utile moulin à piments séchés. Les deux maisons proposent aussi des moulins à muscade (la noix tourne en passant sur une râpe).
Afin de libérer toute leur richesse aromatique, cardamome, carvi, cumin, clou de girofle, poivre de Séchuan, gingembre, piments seront de préférence pilés dans un mortier. Il en existe de toutes matières (granit, marbre, terre cuite, bois, etc.) et de plusieurs tailles : ceux à surface rugueuse sont particulièrement recommandés pour les épices fraîches (gingembre et piment). Comme les moulins Peugeot et Marlux, ils sont vendus en grandes surfaces, dans certaines épiceries fines et dans les magasins spécialisés dans le matériel de cuisine (Kitchen Bazar ou La Carpe).

Ostmann
Fondée en 1902, Ostmann est aujourd'hui la plus importante maison d'épices en Allemagne. Par le biais de ses filiales en Afrique du Sud, en Grande-Bretagne et en Autriche, elle est également présente dans une trentaine de pays. En petits flacons ou en sachets, elle propose une gamme très complète d'épices, de condiments épicés et de préparations pour cuisines exotiques, d'une qualité parfaite.

Schwartz
Issue du mariage du grand épicier canadien Schwartz et de son distributeur anglais, cette marque appartient désormais à la filiale britannique du groupe américain McCormick. Leader en Grande-Bretagne, Schwartz propose en petits flacons de verre ou en sachets une vaste gamme d'épices classiques (dont dix poivres différents...) et de mélanges exotiques. Les produits les plus intéressants demeurent les pâtes (de gingembre, de harissa, de « cinq parfums »...) qui facilitent la préparation des marinades ou des sauces.

Schilling (voir McCormick)

Silvo
Reine du marché des épices aux Pays-Bas, Van Sillevoldt Specerijen a été fondée en 1833. Sous la marque Silvo, elle propose une gamme très complète, qui se distingue surtout par une abondance de mélanges destinés aux cuisines exotiques : indonésienne en premier lieu, mais aussi cajun, tex mex, indienne, orientale, japonaise, italienne, etc.
Outre les Pays-Bas, la maison est présente dans la plupart des pays d'Europe : on trouve ses épices chez Sainsbury et Safeway en Grande-Bretagne, chez Lidl et Aldi en Allemagne (ainsi que dans les régions Nord et Est de la France), chez Ica en Espagne.

Spice Islands
Fondée en 1941 à San Francisco, la maison américaine Spice Islands ne propose que des épices de haute qualité, conditionnées dans des petits flacons de verre. Devenue l'un des principaux producteurs d'épices, d'herbes aromatiques et de condiments à l'échelle mondiale, elle est présente dans de nombreux pays (en France, quelques épices chez Fauchon et The General Store – voir « Bonnes adresses »). Sa cannelle (mélange d'une forte cannelle chinoise et d'une douce cannelle indonésienne) et son poivre noir de Java (Lampong) à haute teneur en pipérine sont ses *best-sellers* aux États-Unis.

GLOSSAIRE DES ÉPICES

Nous avons regroupé ici certaines épices et préparations dont nous n'avons pas parlé dans notre texte. Certaines sont depuis longtemps familières aux palais occidentaux. Mais la plupart d'entre elles sont peu utilisées en dehors des gastronomies traditionnellement épicées. Découvrez-les au hasard de vos voyages ou dans les épiceries fines les plus exotiques, et mettez de l'inédit dans vos plats ! (Vous aurez recours à l'Index pour trouver dans le texte principal de l'ouvrage les descriptions des autres épices ou préparations épicées.)

Ajowan. Entières et moulues, les graines de cette ombellifère (*Carum ajowan*) donnent un parfum proche de celui du thym. L'ajowan est souvent utilisé dans la cuisine indienne, où il entre dans la composition de certains masalas. Toujours en Inde, il peut aromatiser sous forme de pâte le poisson ou le poulet frits et les légumes.

Amchur. Ce nom hindi signifie « poudre de mangue ». En Inde, ce fruit est en effet cueilli avant maturité puis épluché, coupé en tranches fines et enfin séché au soleil avant d'être réduit en poudre. C'est sous cette forme qu'il est souvent utilisé comme acidulant dans la cuisine indienne.

Anardhana. Voir « Grenade ».

Aneth. L'aneth (*Anethum graveolens*) est très aimé en Scandinavie. Sous sa forme de feuilles fraîches, il y parfume de sa saveur légèrement amère les saumons fumés ou marinés, ou les pommes de terre nouvelles. L'aneth parfume également les pickles de concombre aux États-Unis (où on les appelle « pickles d'aneth »). Sous forme fraîche ou en graines, l'aneth est d'un usage fréquent en Inde.

Asa fœtida. Comme son nom l'indique l'asa fœtida, ou « *Ase fétide* » (ou encore « férule »), ne dispense pas un très agréable arôme. La résine de cette plante (*Ferula asafœtida*), est utilisée en poudre ou en pâte dans la cuisine indienne surtout à des fins digestives, voire sociales et religieuses (certaines castes ne pouvant manger d'ail, dont elle évoque un peu le goût).

Curry ou cari (feuilles de). Les feuilles de curry, ou de cari, sont issues d'un arbre originaire de l'Inde et de Ceylan, le *Murraya koenigii*. Elles sont utilisées dans la cuisine indienne pour leur goût prononcé... de curry. Mais il ne faut les confondre avec les masalas (mélanges d'épices) indiens, que nous appelons « currys ». Les Indiens en ajoutent à certains *chutneys* verts (où n'entrent que des ingrédients verts comme la menthe, les piments verts, le citron vert, etc.) et, sous forme fraîche ou séchée, les font entrer dans des mélanges d'épices, souvent après les avoir fait frire.

Férule. Voir « Asa Fœtida ».

Grenade (graines de). Séchées, ou transformées en jus concentré, les graines de grenade offrent leur délicate saveur acidulée aux meilleures gastronomies du Moyen-Orient et d'Asie. En Syrie, le jus concentré remplace le citron dans de nombreux mets salés et sucrés, auxquels il offre sa note plus douce et fruitée. En Inde, les graines séchées au soleil, nommées « anardhana », sont fréquemment utilisées pour aciduler les currys. (En France, la « grenadine » était autrefois préparée à partir de graines de grenade. Ce n'est malheureusement plus le cas...).

Ketchup. D'origine extrême-orientale, ce condiment sucré à base de légumes, devenu universel dans ses versions industrielles à la tomate, a connu depuis son apparition en Angleterre au XIXe siècle — et connaît encore — de nombreuses variantes. Les meilleurs sont bien sûr légèrement épicés, grâce à l'ajout de piment, de gingembre, de poivre de la Jamaïque, de macis, de poivre blanc ou noir...

Mahaleb. Cest en Turquie et au Moyen-Orient qu'on extrait du noyau d'une petite cerise noire (fruit du *Prunus mahaleb*) une amande, le *mahaleb*. Une fois réduites en poudre, ces amandes apportent à certaines friandises orientales (gâteaux, biscuits, brioches de Pâques chez les Arméniens...) leur saveur de noisette très fruitée.

Mangue (poudre de) : voir « Amchur ».

Mincemeat. Exquis mélange de fruits confits au brandy (raisin, pomme, cerise, zestes d'orange et de citron, etc.) et d'épices (surtout de la muscade, mais aussi du girofle, de la cannelle et du macis), le *mincemeat* est une irrésistible gourmandise très britannique, particulièrement appréciée à Noël. On en garnit par exemple de fines tartelettes.

Moutarde (graines de). Outre le condiment en pâte bien connu des cuisines occidentales, les graines de moutarde apportent leur délicieux piquant à des préparations moins courantes. Une fois sautées dans l'huile, les graines de moutarde blanche (*Brassica alba*, celle qui croît en Europe et aux États-Unis) relèvent les pickles. Les graines de moutarde noire (*Brassica nigra*, qui pousse en Asie et au Moyen-Orient), sont utilisées entières ou moulues pour aromatiser les currys indiens. On en tire également une huile, servant à la cuisson parfumée de poissons ou de légumes dans le nord de l'Inde. Les graines de moutarde brune (*Brassica juncea*), plus piquantes encore que les jaunes relèvent en Inde aussi bien les légumes que le yaourt, et de nombreux masalas en poudre.

Pickles. Les pickles sont de petits légumes ou de petits fruits (oignons, carottes, concombres, poivrons, etc.) confits dans du vinaigre parfumé d'un mélange d'épices : celui-ci (aneth, piment de la Jamaïque, macis, poivre, piments, coriandre, gingembre, girofle, cannelle...) est bouilli dans le vinaigre, puis le vinaigre refroici et filtré avant de recevoir les légumes. Les pickles sont une garniture rêvée pour les viandes froides ou la charcuterie.

Raifort. Le raifort est la racine d'une plante vivace, l'*Armoracia rusticana*. Râpée ou mixée, cette racine donne une pâte à saveur piquante, entre le radis et la moutarde. En Occident, elle peut aromatiser les poissons fumés comme le saumon ou le hareng, ou des plats de viande comme le rôti de porc ou de bœuf. Très proche, la racine du *Wasabi japonica* donne au Japon son *wasabi*, savoureuse crème verte absolument indispensable avec des sushis (bouchées de poisson cru).

Tabasco. Brevetée en 1870 par son créateur, Edmund McIlhenny, le Tabasco est de loin la sauce au piment la plus célèbre au monde (140 millions de bouteilles vendues chaque année). Les piments (rouges, ou verts pour la version plus douce aux *jalapeños* du Mexique) sont réduits en purée, salés et fermentés en fûts de chêne pendant trois ans. Ils sont ensuite conditionnés dans leur petite bouteille, après ajout de vinaigre. En très petite quantité, le tabasco possède la vertu de rehausser, par une petite note plus acidulée que piquante, la saveur des aliments.

Vadouvan. Mélange d'épices (cumin, fenugrec, curcuma, feuilles de carvi, graines de moutarde), d'huile et d'oignons frits, le vadouvan est une préparation indienne grasse qu'on ajoute dans la cuisson des currys, des sauces, des viandes blanches, du riz ou des pommes de terre.

Laurent Blondel ©

BIBLIOGRAPHIE

Une bibliographie exhaustive sur le sujet des épices est naturellement impossible. Nous n'indiquons ici que les ouvrages de référence les plus utiles qui permettent d'approfondir la question et ceux que nous évoquons déjà dans notre texte.

Ouvrages généraux

- *La Cuisine des parfums*, Sœurs Scotto, Le Chêne, 1996
- *La Cuisine familiale syrienne*, Évelyne Marty-Marinone, Publisud, 1997
- *Currys*, M. Toussaint-Samat, Casterman, 1994
- *Les Épices*, Pierre Delaveau, Albin Michel, 1987.
- *Les Épices*, Henri Leclerc, Masson, 1983
- *Épices de la vie*, Troth Wells, Olizane, 1997
- *Épices et aromates*, Bahadourian, éd Xavier Lejeune, Lyon, 1996.
- *Épices et condiments*, S. Morris et L. Mackley, Larousse, 1997
- *Gestes et saveurs du Maroc*, Fatéma Hal, Stock, 1995
- *Guide de l'Orient à Paris*, Sophie Noguès, Parigramme/CPL, 1996.
- *Le Jardin des Épices*, Bernard Nautet, Éd. Du May, 1992.
- *Le Livre des épices*, collectif, Bordas, 1987
- *Le Livre des épices et des herbes*, Jean L. Robert, Flammarion, 1986.
- *Le Livre des herbes et des épices*, Sarah Garland, Nathan, 1980.
- *Le Livre d'Olivier Rœllinger*, éd du Rouergue, 1994
- *La Magie du gingembre*, F. Barbin-Lécrevisse, éd Erti, 1996
- *Paul Corcellet ou les épices de la vie*, Henry Viard, Albin Michel, 1986
- *Petit Livre sur le paprika hongrois*, Zoltan Halasz, Corvina, 1987
- *Plantes à épices, à aromates, à condiments*, Désiré Bois, Comedit, 1995.
- *Saveurs du safran*, Clotilde Boivert, Albin Michel, 1993
- *La Grande Cuisine allégée*, André Gaüzère, Flammarion, 1989
- *Les Fruits de mon moulin*, Roger Vergé, Flammarion, 1997

Histoire

- *Art culinaire*, Apicius, Les Belles Lettres, 1987
- *Civilisation matérielle, économie et capitalisme, XVe-XVIIIe siècles*, (tome 2), Fernand Braudel, Armand Colin, 1993
- *Les Chasseurs d'épices*, Daniel Vaxelaire, Payot, 1995
- *Les Coureurs d'épices*, Édith et François-Bernard Huyghe, Payot, 1996
- *Le Devisement du monde*, Marco Polo, La Découverte, 1998
- *La Gastronomie au Moyen-Âge*, Odile Redon, Françoise Sabban, Silvano Servanti, Stock, 1991
- *Herbes, drogues et épices en Méditerranée*, CNRS, 1990
- *Histoire de l'alimentation*, J.-L. Flandrin, Fayard, 1996
- *Histoire naturelle*, Pline l'Ancien, Les Belles Lettres, 1997
- *Histoire naturelle et morale de la nourriture*, M. Toussaint-Samat, Bordas, 1987
- *Le Ménagier de Paris*, éd. Slatkine, 1982
- *Parfums et aromates de l'Antiquité*, Paul Faure, Fayard, 1987
- *Le Premier Tour du monde de Magellan*, Antonio Pigafetta, Tallandier, 1987
- *Sur la route des épices*, Sonia E. Howe, éd Terre de Brume, 1994
- *Vasco de Gama*, Geneviève Bouchon, Fayard, 1998
- *Le Viandier*, Taillevent, éd. Slatkine, 1967
- *Voyage à l'Isle de France*, Bernardin de Saint-Pierre, La Découverte, 1983

Littérature

- *Le Dernier Soupir du Maure*, Salam Rushdie, Plon, 1996
- *Une Mémoire pour l'oubli*, Mahmoud Darwich, Actes Sud, 1994
- *Le Prix du plaisir*, John Lanchester, Seuil, 1997
- *Les Vanilliers*, Georges Limbour, Gallimard, 1938 (rééd. coll. L'Imaginaire)

En langue étrangère

- *The Book of spices*, S. Greenberg and E. Lambert Ortiz, Times Books, 1983
- *Curry, curry, curry*, Ranjit Rai, Penguin Books India, 1990
- *The Encyclopedia of spices*, Pamela Westland, Marshall Cavendish, 1975
- *The Essential saffron companion*, John Humphries, Grub Street, 1996
- *The Gentle Art of Cookery*, C.F. Leyel, Chatto & Windus Ltd, Londres
- *Ken Hom's Chinese Kitchen*, Ken Hom, Pavilion, 1994
- *The Mistress of spices*, Chitra Banerjee Divakaruni, Black Swann, Londres, 1997
- *Spices, Salt and Aromatics in the English Kitchen*, Elizabeth David, Penguin Books 1970
- *Tandoor*, Ranjit Ray, Penguin Books India, 1995
- *A taste of India*, Madhur Jaffrey, Pavillon Books Ltd, 1985
- *Voyages aux Indes orientales*, John Nieuhof
- *The English silver pocket nutmeg grater*, Elizabeth B. Miles.

CRÉDITS PHOTOGRAPHIQUES

Toutes les photographies de cet ouvrage sont de Jacques Boulay, à l'exception de :

p. 3, 6-7 (fond), 11 (fond), 14 (fond), 22, 26-27, 29, 61 (fond), 129 (fond) : Photos Flammarion ; p. 7 (en bas), 12, 36/37, 42 : Museum d'Histoire Naturelle ; p. 10, 29, 30, 62, 73 (en haut), 76, 93 (au centre), 102, 141 (en haut à droite) : M. Walter ; p. 8 : A. Testut/A. Willaume ; p. 13 : Gemeentemuseum, Arnhem ; p. 11, 41, 69 : Royal Commonwealth Society ; p. 14, 46-47 : R.M.N ; p. 18 : J.-L. Charmet ; p. 19 : Magnum Photos ; p. 20 : AKG Paris ; p. 21, 24, 28 : Giraudon ; p. 23, 38, 39 : British Library ; p. 25 : Service historique de la Marine Nationale ; p. 31 : Archivio I.G.D.A., Milan ; p. 32-33 : Rijksmuseum, Amsterdam ; p. 34, 35 : Musée de la Marine ; p. 40, 45 (en bas), 92, 93 (en haut, à gauche et à droite ; en bas, à gauche et à droite), 94 : Das Fotoarchiv/B. Euler ; p. 43, 77, 78, 88-89, 110-111, 115 (à droite), 120, 129 (au centre), 144 : M. Viard ; p. 45 (en haut), 48, 50 (à droite), 68 (en haut), 118/119 : Vidoc, department of the Royal Tropical Institute, Amsterdam ; p. 49 (à droite) : The Museum of London ; p. 52, 54 (en bas, à droite), 138, 141 (à droite) : droits réservés ; p. 53 : Henriette Angel ; p. 55, 61 : C. Sarramon ; p. 101 : Y. Thieullent ; p. 115 (à gauche) : Roger-Viollet ; p. 128, 130-131 : F. Lorrio ; p. 138 (en haut à gauche), 141 : Y. Duronsoy ; p. 146 : C. Treal/Ruiz ; p. 147 : D. Zintzmeyer.

I N D E X

Ne sont indexées ci-dessous que les pages 1 à 176.

R E M E R C I E M E N T S

Alain Stella remercie chaleureusement tous les professionnels des épices et tous les gourmets connaisseurs, qui l'ont aidé au cours de la rédaction de ce livre, lui ont apporté leur savoir et leur concours amical : Armand Bahadourian, Bernard Broquère (Le Comptoir Colonial), M. & Mme Buchotte (L'Epicier créole), Nathalie Cazaban (Syndicat des producteurs de piment d'Espelette), Michel Javier Drada Oritz (Mexi & Co.), Lennard Engström (Maison du Danemark), Jean-Marie Gautier (Hôtel du Palais, Biarritz), Ken Hom, Catherine Laroze, André Lerch, Robert Linxe (La Maison du Chocolat), Evelyne Marty-Marinone, Boujemaa Mars (La Mamounia, Marrakech), Bertrand Merlette (Hôtel Raphaël, Paris), Luciana Mottola-Colban, Purnima Rai, Anuradha Ravindranath, M. Ribeyron-Montmartin (Syndicat National des transformateurs de poivres, épices, aromates et vanille), Nicolas Tisné (Tisné Vanille), Olivier Rœllinger, Jean-Marie Schouvey (Ducros), Gérard Solsky (Izraël), Jean-Marie Thiercelin, Indira Wootun (Aux Spécialités antillaises).
Il remercie également Ghislaine Bavoillot sans qui ce livre n'aurait pas vu le jour, et toute l'équipe éditoriale réunie autour d'elle : Nathalie Bailleux, Véronique Manssy, Hélène Boulanger, Juliette Seeuws, Marie Maertens, Isabelle Masson, Valérie Vidal et l'artiste Marc Walter.

Jacques Boulay tient à remercier M. Eric Dubois, les boutiques Argile, Conran Shop, la Compagnie Française de l'Orient et de la Chine, M.A.I. Artisanat indonésien, la Maison de la Vanille, Massis Bleue, N'O, et les carrelages Raboni pour leur contribution au stylisme ; ainsi que Bernadette Boulay, François Cante-Pacos et Jean-Marie Tardy pour leur aide précieuse.

L'éditeur remercie chaleureusement M. Olivier Rœllinger qui a bien voulu préfacer cet ouvrage et qui l'a aimablement autorisé à publier l'une de ses délicieuses recettes. Il tient à remercier tout particulièrement Jean-Marie Thiercelin, qui fournit les plus grands chefs en épices d'une qualité parfaite, pour avoir mis à sa disposition un choix exceptionnel d'épices ayant permis la réalisation de toutes les photos en gros plan dans cet ouvrage (à l'exclusion des produits frais, gingembre et curcuma). Un très grand merci également à Mme Thiercelin et à Sandro De Cecco pour toutes les informations précieuses données avec patience, sur ce monde coloré et parfumé des épices.

Un grand merci également à M. et Mme Solsky de la maison Izraël pour les objets qu'ils nous ont aimablement prêtés et pour la patience dont ils ont fait preuve à notre égard, ainsi que Velan Store dans le passage Brady et à toutes les boutiques qui nous ont prêté du matériel pour les prises de vues ; Bachelier Antiquités, Mariage Frères, La boutique de Madagascar, Jacques Majewski et Richard Vaché, antiquaires à Châtillon-sur-Seine, la Compagnie Française de l'Orient et de la Chine, Conran Shop, Liwan, l'Artisanat Indonésien, Pierre Marzorati du Musée de l'Epicerie d'autrefois, les Mille Feuilles, N'O, Simrane, Terre d'ailleurs.

L'éditeur exprime sa reconnaissance à tous ceux qui ont donné des recettes, des produits et des conseils d'emploi pour toutes ces épices : M. et Mme Bernachon (chocolatier à Lyon), Chantal Comte (vins à Nîmes), Bernard Dufoux (chocolatier à La Clayette), Durand (chocolatier à Rennes), Christine Ferber (pâtissier en Alsace), André Lerch (pâtissier à Paris), Jean-Marie Gautier (cuisinier à Biarritz), Michel Javier Drada Ortiz (Mexi & Co., Paris), Ken Hom (auteur), Henri Le Roux (chocolatier à Quiberon), Boujemaa Mars (cuisinier à Marrakech), Luciana Mottola-Colban (historienne, Paris), Paolo Petrini (chef cuisinier à Paris), Roger Vergé (chef cuisinier à Mougins), Indira Wootun (Aux Spécialités antillaises, Paris), sans oublier les éditeurs qui nous ont donné l'autorisation de reproduire des recettes : Anuradha Ravindranath pour la recette de Ranjit Rai (p. 172), Danielle Dastugue, Editions du Rocher, pour la recette d'Olivier Rœllinger (p. 173) et les Editions Publisud pour celle d'Evelyne Marty-Marinone (p. 165).

Des remerciements enfin, à toutes les personnes qui ont apporté leur aide à la réalisation de cet ouvrage : Hélène Bourgois, Bernard Pasquier, du Conservatoire National des plantes à parfum de Milly-la-Forêt et Danielle de Yparraguire.